LES PETITS INRATABLES

120 RECETTES POUR MON BÉBÉ

DIRECTION DE LA PUBLICATION

Isabelle Jeuge-Maynart et Ghislaine Stora

DIRECTION ÉDITORIALE

Valérie de Sahb

RESPONSABLE ÉDITORIALE

Nathalie Cornellana

PRÉPARATION DES TEXTES ET RELECTURE

Laurence Alvado

ADAPTATION GRAPHIQUE

Sandra Parsonnelli

MISE EN PAGE

Emmanuel Chaspoul

COUVERTURE

Véronique Laporte

FABRICATION

Donia Faiz

ISBN : 978 2 03 593456 7
Imprimé en Espagne par GRAFICAS ESTELLA
Dépôt légal : avril 2017
319005/03 – 11037388 - novembre 2017

PAPIER À BASE DE FIBRES CERTIFIÉES

LAROUSSE s'engage pour l'environnement en réduisant l'empreinte carbone de ses livres. Celle de cet exemplaire est de : 1 kg éq. CO_2 Rendez-vous sur www.larousse-durable.fr

Les Éditions Larousse utilisent des papiers composés de fibres naturelles, renouvelables, recyclables et fabriquées à partir de bois issus de forêts qui adoptent un système d'aménagement durable. En outre, les Éditions Larousse attendent de leurs fournisseurs de papier qu'ils s'inscrivent dans une démarche de certification environnementale reconnue.

LES PETITS INRATABLES

120 RECETTES POUR MON BÉBÉ

Céline Scharot

LAROUSSE

SOMMAIRE

LA DIVERSIFICATION ALIMENTAIRE

Recommandations du Programme national Nutrition Santé

	1ER MOIS	2^{E} MOIS	3^{E} MOIS	4^{E} MOIS	5^{E} MOIS	6^{E} MOIS
LAIT	Allaitement maternel OU Lait 1er âge exclusivement				Lait 1er ou 2e âge	
LAITAGES						Yaourt
LÉGUMES					En purée (texture lisse)	
FRUITS					En compote (texture lisse)	
POMME DE TERRE					En purée	
FARINES INFANTILES						
LÉGUMES SECS						
PAIN, PRODUITS CÉRÉALIERS						
VIANDE, POISSON						Mixés [2]
ŒUF						
MATIÈRES GRASSES AJOUTÉES						
BOISSONS	Eau pure : proposer en cas de fièvre ou de forte chaleur					
SEL						
PRODUITS SUCRÉS [3]						

Pas de consommation — Début possible, pas d'obligation — Introduction recommandée

Référence : *Le Guide nutrition de la naissance à trois ans*. PNNS (*Programme national Nutrition Santé*).

7e MOIS	8e MOIS	9e MOIS	10e MOIS	11e MOIS	12e MOIS	2e ANNÉE	3e ANNÉE
Allaitement maternel OU Lait 2e âge (environ 500 ml/jour)						Allaitement maternel OU Lait 2e âge ou de croissance	
Yaourt, fromage blanc, petit-suisse ou fromage							
Purée ou petits morceaux [1]						Écrasé, morceaux [1]	
Cuits mixés ou crus écrasés						En morceaux à croquer [1]	
Lisse ou petits morceaux [1]							
Avec gluten							
						15-18 mois en purée [1]	
	Pain, pâtes fines, semoule, riz, quinoa [1]					Tous	
Mixés (10 g/jour, soit 2 c. à café)			Mixés (20 g/jour, soit 4 c. à café)			Morceaux [1] (30 g/jour, soit 6 c. à café)	
1/4 de jaune d'œuf dur			1/3 dur			1/2 dur	
Huile (colza, olive, tournesol... 1 c. à café) ou beurre (5 g, soit 1 noisette par repas)							
Eau pure : c'est la seule boisson indispensable à l'organisme							
						Très peu. Ne pas resaler	
Sans urgence. À limiter							

1. Texture à adapter en fonction de la capacité de mastication et de déglutition, et de la tolérance digestive de votre enfant.
2. Pas de charcuterie sauf jambon blanc occasionnellement, éviter les abats.
3. Biscuits, bonbons, crèmes dessert, chocolat, boissons sucrées, confiture, miel...

DE 5 MOIS À 1 AN

Du liquide au solide

Recettes salées

Recettes sucrées

LE DÉBUT DE LA DIVERSIFICATION

Selon les recommandations, la diversification doit débuter à 4 mois révolus. Entre 5 et 9 mois, votre bébé va se caler progressivement sur un rythme de 4 repas par jour. Vers 8 ou 9 mois, 2 de ses 4 repas seront diversifiés. Avant 9 mois, il est important de n'introduire qu'un aliment nouveau à la fois. Votre enfant refuse un aliment ? N'insistez pas, proposez-le-lui de nouveau quelques jours plus tard. La texture liquide, mixée, hachée ou en morceaux est à adapter à son désir et à sa maturité.

Attention, ne vous précipitez pas : votre bébé a le temps de découvrir tous ces nouveaux goûts. Chaque enfant évolue à son rythme, ces étapes sont indicatives et non obligatoires.

LE LAIT

Le lait reste l'aliment de base : votre enfant doit en consommer au moins 500 ml par jour, soit du lait maternel, soit du lait infantile 2e âge (ou « lait de suite »). Le lait permet à l'enfant non seulement de se nourrir, mais aussi de s'hydrater.

LES LAITAGES

Votre enfant peut prendre 1 ou 2 laitages par jour : yaourts, fromage blanc, petits-suisses et même du fromage, mais en petite quantité, car il est très riche en sodium. À privilégier : les produits destinés aux bébés, moins riches en protéines et enrichis en acides gras essentiels ainsi qu'en fer. Pour les enfants ayant du mal à consommer leur biberon, les produits laitiers spécifiques sont avantageux.

LES LÉGUMES

Ils peuvent être donnés en purée en complément de la tétée ou du biberon de lait 2e âge, ou incorporés à celui-ci. À privilégier : les légumes peu fibreux, ayant une bonne tolérance digestive : carotte, haricots verts, courgette sans peau ni pépins, épinards, blanc de poireau, potiron... Ils doivent être consommés cuits dans un premier temps. Testez d'abord chaque légume individuellement, puis faites-en des mélanges. Puis augmentez progressivement les quantités pour arriver à 20 ou 25 g de purée par repas en 8 jours, à 40 ou 50 g en 15 jours et, au bout de 1 mois, à environ 100 ou 120 g.

LES FRUITS

Proposez-les environ 15 jours après avoir introduit les légumes, et cuits dans un premier temps. Certains sont à privilégier au démarrage de la diversification : la pomme, la poire, la pêche, la banane ou l'abricot. Vous pouvez aussi utiliser la pomme comme base pour les compotes, les enfants affectionnant particulièrement sa texture douce et sa saveur naturellement sucrée.

Lorsque vous préparez une compote, mixez au dernier moment, car laisser un fruit épluché provoque la perte de vitamine C. Augmentez petit à petit les quantités pour arriver à 15 ou 20 g de compote par repas en 8 jours, à 30 ou 40 g en 15 jours et, au bout de 1 mois, à environ 80 ou 100 g.

LES MATIÈRES GRASSES

Allez-y en douceur ! Vous pouvez ajouter 1 petite noisette de beurre aux purées de légumes ou, encore mieux, 1 c. à café d'huile végétale. En variant les huiles, vous obtiendrez un meilleur équilibre en acides gras essentiels : les huiles de colza, noix, lin, soja sont riches en oméga-3, et celles d'olive, tournesol, maïs, en oméga-6, mais attention, car certaines ont plus de goût que d'autres.

LES FÉCULENTS

Donnez-les d'abord sous forme de pommes de terre cuites à la vapeur, puis mixées et mélangées aux légumes, ou encore sous forme de farine infantile ajoutée au biberon de lait. Pour ménager les intestins de votre bébé, choisissez des farines 1er âge, instantanées, non lactées et non sucrées, sans gluten, au riz et au maïs. Les féculents se présentent également sous forme de riz, de tapioca, de semoule ou de petites pâtes, incorporés aux purées de légumes.

LA VIANDE, LE POISSON ET LES ŒUFS

Ne vous précipitez pas sur les protéines ! Veillez surtout à respecter de très petites doses. En effet, même si votre enfant apprécie la saveur de la viande, son besoin à cet âge reste minime : vous pouvez lui donner un maximum de 10 g de viande ou de poisson mixés (soit 2 c. à café) ou 1/4 de jaune d'œuf dur.

À part le jambon blanc découenné et dégraissé, pas de charcuterie ni d'abats. Commencez par introduire de la viande blanche, puis rouge. Passez ensuite au poisson, au jambon et, en dernier, au jaune d'œuf dur. Le blanc d'œuf étant une substance allergisante, il est conseillé de ne pas le proposer avant 1 an.

PURÉE d'épinards

10 min

12 min

1 portion

RECETTE Salée

200 g d'épinards

1 c. à café (5 g) de crème fraîche

À SAVOIR

L'épinard cuit est particulièrement riche en provitamine A (ou bêta-carotène), vitamines B9 et K, indispensables à la croissance. Il est également une bonne source de magnésium (qui renforce le système immunitaire) et de fer (même s'il en contient beaucoup moins que le veut la légende !).

1 Équeutez les épinards en éliminant au maximum les fibres des feuilles (nervures). Lavez-les 2 ou 3 fois pour éliminer la terre, le sable et les insectes.

2 Faites-les cuire 12 min à la vapeur ou 6 à 8 min sous pression. Mixez finement. Ajoutez la crème pour apporter un peu de douceur.

Vous pouvez remplacer les épinards par des feuilles de laitue. Pour éliminer les insectes et les œufs de vers parasites éventuellement présents, ajoutez 7 ou 8 gouttes de vinaigre blanc dans la première eau de lavage.

PURÉE de blancs de poireaux

15 min | 20 min

2 portions

RECETTE Salée

3 blancs de poireaux

2 c. à café (10 g) d'huile de votre choix

À SAVOIR

Avant 1 an, il n'est pas recommandé d'ajouter la partie verte du poireau, très riche en fibres et donc irritante pour les intestins. Ne la jetez pas, elle pourra servir de base à un potage pour le reste de la famille.

1 Lavez les poireaux. Coupez-les en deux dans le sens de la longueur et relavez-les soigneusement pour éliminer la terre et le sable. Émincez-les.

2 Faites-les cuire 20 min à la vapeur ou 12 ou 13 min sous pression. Mixez finement. Ajoutez l'huile au moment de servir.

Retirez la première couche des blancs de poireaux. Plus fibreuse, elle restera difficile à mixer finement, même après cuisson. Pour bien éliminer la terre et le sable des poireaux, vous pouvez les relaver après les avoir émincés.

PURÉE de carottes

10 min | 20 min

2 portions

RECETTE Salée

2 carottes

2 c. à café (10 g) d'huile de votre choix

À SAVOIR

La carotte est un légume légèrement sucré qui ravira les papilles de votre enfant. Elle est riche en bêta-carotène qui, dans l'organisme, se transforme en vitamine A, essentielle pour la croissance.

1 Lavez soigneusement les carottes pour éliminer la terre et le sable. Épluchez-les, relavez-les, puis coupez-les en rondelles.

2 Faites-les cuire 20 min à la vapeur ou 10 à 12 min sous pression. Elles sont cuites lorsqu'elles sont tendres au couteau.

3 Mixez finement, ajoutez au besoin un peu d'eau selon la consistance souhaitée. Ajoutez l'huile et servez tiède.

Vous pouvez utiliser du panais à la place de la carotte, en augmentant légèrement le temps de cuisson à la vapeur 5 à 7 min.

PURÉE de courgettes

10 min | 10 min | 2 portions | RECETTE Salée

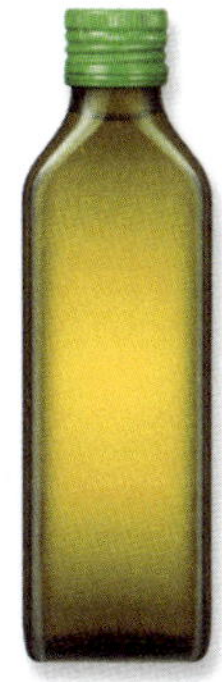

2 petites courgettes

2 c. à café (10 g) d'huile de votre choix

À SAVOIR

La courgette est riche en vitamine C. C'est aussi une source non négligeable d'acide folique (vitamine B9), indispensable à la croissance, au renouvellement des globules rouges et qui intervient aussi dans la cicatrisation des tissus.

1. Lavez les courgettes avant de les éplucher, puis repassez-les sous l'eau. Coupez-les en morceaux.

2. Faites-les cuire 10 à 12 min à la vapeur ou 7 ou 8 min sous pression. Mixez finement. Ajoutez l'huile et servez tiède.

Pensez à épépiner la courgette si vous en donnez pour la première fois à votre bébé ou si celui-ci a des selles facilement liquides. En effet, les pépins peuvent être irritants pour son intestin. Riche en eau, la courgette sera à privilégier en été au moment des fortes chaleurs. Cela contribuera à la bonne hydratation de votre enfant.

CRÈME
de haricots verts au bœuf

10 min | 25 min

2 portions | RECETTE Salée

250 g
de haricots verts

20 g
de steak haché maigre

10 g
de fécule de maïs

120 ml
de lait 2e âge

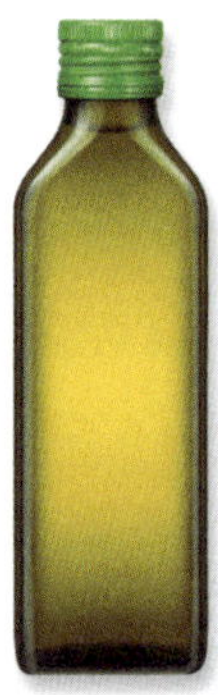

2 c. à café (10 g)
d'huile de votre choix

1 Lavez et équeutez les haricots verts. Faites-les cuire environ 25 min à la vapeur.

2 Pendant ce temps, délayez la fécule dans le lait et faites-la épaissir à feu doux. Poursuivez la cuisson 3 ou 4 min, puis retirez-la du feu et réservez.

3 Faites griller le steak haché sans ajouter de matière grasse. Mixez très finement la viande grillée avant d'ajouter les haricots verts cuits, puis la bouillie de lait. Mixez de nouveau. Au moment de servir, ajoutez l'huile.

Vous pouvez remplacer les haricots verts par des carottes ou du potiron.

PURÉE d'aubergine au bœuf

10 min | 15 min

2 portions

RECETTE Salée

À SAVOIR

Excellente source de protéines, la viande de bœuf apporte en plus une grande quantité de vitamines du groupe B et du fer, indispensable aux globules rouges. L'aubergine, par sa richesse en fibres, facilite en douceur le bon fonctionnement intestinal.

1
belle aubergine

20 g
de steak haché maigre

50 ml
de lait 2e âge

1 Épluchez, lavez et coupez l'aubergine en morceaux. Faites-la cuire 15 min à la vapeur.

2 Pendant ce temps, faites griller la viande sans ajouter de matière grasse. Mixez le tout avec le lait jusqu'à obtention d'une crème homogène.

Cette recette peut aussi se réaliser avec de la courgette. La viande doit toujours être bien cuite et hachée. Lorsque bébé commence à avoir des dents, vous pouvez lui donner des morceaux de viande un peu plus gros, pour l'habituer à mastiquer.

PURÉE DE CAROTTE
et de courgette

10 min — 15 min

2 portions — RECETTE Salée

1 petite carotte

1 petite courgette

2 c. à café (10 g) d'huile de votre choix

1 Lavez soigneusement les légumes avant de les éplucher. Épluchez-les, relavez-les et coupez-les en petits morceaux. Au besoin, éliminez les pépins de la courgette.

2 Faites-les cuire 15 min à la vapeur ou 10 min sous pression. Mixez les légumes. Ajoutez l'huile et servez tiède.

Vous pouvez remplacer la carotte par du panais ou du potiron. Pour accélérer la cuisson des légumes, vous pouvez aussi les râper.

PURÉE DE BETTERAVE
et de pommes de terre au jambon

15 min
30 min
2 portions
RECETTE Salée

1/2
betterave

2
pommes de terre

20 g
de jambon dégraissé et découenné

2 c. à café (10 g)
de crème fraîche

... et aussi
noix de muscade râpée (1 pointe de couteau, facultatif)

1 Lavez les légumes pour éliminer la terre et le sable. Épluchez-les et relavez-les. Coupez-les en petits dés pour diminuer le temps de cuisson.

2 Mixez le jambon et réservez au frais. Faites cuire les légumes 30 à 35 min à la vapeur ou 20 min sous pression. Ils sont cuits quand la pointe d'un couteau y pénètre aisément.

3 Mixez finement, au besoin, ajoutez de l'eau selon la texture souhaitée. Ajoutez le jambon mixé, éventuellement la noix de muscade et remixez le tout. Au moment de servir, ajoutez la crème.

Vous pouvez remplacer la betterave par une carotte ou un panais.

À SAVOIR

Le jambon est très pratique à utiliser et souvent prisé des enfants, mais il est aussi très riche en sel, il n'est donc pas souhaitable d'en servir plus d'une fois par semaine.

PURÉE DE CAROTTE
et riz au poulet

10 min | 20 min
2 portions
RECETTE Salée

À SAVOIR
C'est un repas idéal en cas de diarrhée : le riz a une action calmante sur la muqueuse intestinale et la carotte, un effet régulateur sur le transit.

1
belle carotte

30 g
de riz

20 g
de blanc de poulet

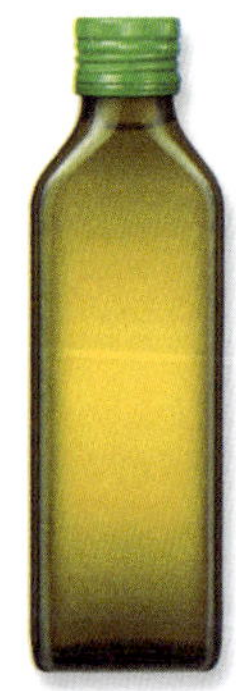

2 c. à café (10 g)
d'huile de votre choix

1 Faites chauffer 500 ml d'eau. À ébullition, jetez-y le riz et laissez cuire 15 min.

2 Pendant ce temps, épluchez et lavez la carotte, puis coupez-la en rondelles. Faites-la cuire avec le poulet 20 min à la vapeur.

3 Mixez le poulet cuit, puis ajoutez la carotte et le riz. Ajoutez l'huile avant de servir.

PURÉE
de courgette et riz

10 min | 15 min | 2 portions | RECETTE Salée

1 courgette

30 g de riz

2 c. à café (10 g) d'huile de votre choix

1 Faites chauffer 500 ml d'eau. À ébullition, jetez-y le riz et laissez cuire 15 min.

2 Pendant ce temps, épluchez et lavez la courgette, puis coupez-la en petits morceaux. Faites-la cuire 12 à 15 min à la vapeur.

3 Mixez la courgette et le riz cuits, au besoin, ajoutez 2 ou 3 c. à soupe d'eau selon la texture souhaitée. Ajoutez l'huile au moment de faire déguster.

À la place de la courgette, vous pouvez utiliser du pâtisson, des épinards ou des feuilles de laitue. Vous pouvez aussi prélever 100 g de riz déjà cuit du plat familial à condition que l'eau de cuisson n'ait pas été salée.

PURÉE DE FENOUIL
et de carotte

10 min — 20 min — 2 portions — RECETTE Salée

1/2
bulbe de fenouil

1
carotte

1 petit brin
de romarin

20 à 30 ml
de lait 2e âge

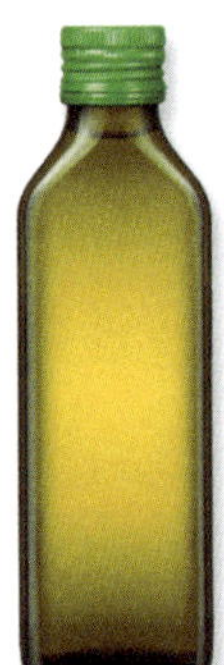

2 c. à café (10 g)
d'huile de votre choix

1 Retirez les feuilles extérieures du demi-bulbe qui renferment les fibres les plus coriaces et éliminez le cœur du fenouil. Lavez les légumes, épluchez la carotte, puis coupez le tout en petits morceaux.

2 Faites-les cuire avec le romarin 20 min à la vapeur ou 15 min sous pression.

3 Retirez le romarin, mixez finement, puis ajoutez le lait pour avoir une texture plus onctueuse et mixez de nouveau. Au moment de servir, ajoutez l'huile.

La carotte va adoucir le côté anisé du fenouil.

PURÉE DE FENOUIL
au riz et au poulet

15 min | 20 min | 2 portions | RECETTE Salée

1
bulbe de fenouil

30 g
de riz

20 g
de blanc de poulet

2 c. à café (10 g)
d'huile de votre choix

1 Faites chauffer 500 ml d'eau. À ébullition, jetez-y le riz et laissez cuire 15 min.

2 Pendant ce temps, retirez les feuilles extérieures du bulbe qui renferment les fibres les plus coriaces, éliminez le cœur, puis lavez et coupez le fenouil en petits morceaux. Faites-les cuire avec le poulet 20 min à la vapeur ou 12 ou 13 min sous pression.

3 Mixez très finement la viande cuite, ajoutez le fenouil et le riz, puis mixez de nouveau. Ajoutez l'huile au moment de faire déguster.

Vous pouvez remplacer le poulet par la même quantité de veau. Si votre bébé n'apprécie pas le goût du fenouil, réalisez cette recette avec une courgette à la place.

PURÉE DE HARICOTS VERTS
et de carotte

10 min

20 min

2 portions

RECETTE Salée

150 g
de haricots verts

1
carotte

30 à 50 ml
de lait 2e âge

1 Lavez et équeutez les haricots verts, puis coupez-les en petits morceaux. Lavez la carotte pour éliminer la terre et le sable, épluchez-la, rincez-la, puis coupez-la en rondelles.

2 Faites cuire les légumes 20 min à la vapeur ou 15 min sous pression. Mixez-les et ajoutez la quantité de lait selon la texture souhaitée.

La carotte peut être remplacée par du panais ou du potimarron. Pour aller plus vite, vous pouvez utiliser des haricots verts surgelés.

PURÉE DE HARICOTS VERTS

au tapioca et au veau

10 min — 25 min — 2 portions — RECETTE Salée

300 g
de haricots verts

20 g
de tapioca

20 g
d'escalope de veau

2 c. à café (10 g)
d'huile de votre choix

1 Lavez et équeutez les haricots verts. Faites-les cuire 25 min à la vapeur ou 15 min sous pression.

2 Pendant ce temps, faites chauffer 180 ml d'eau. À ébullition, baissez le feu et versez-y le tapioca en pluie en remuant. Laissez cuire 4 à 7 min selon le temps indiqué sur le paquet.

3 Faites griller le veau sans ajouter de matière grasse. Mixez très finement la viande cuite, puis ajoutez les haricots verts et le tapioca. Mixez de nouveau et ajoutez au besoin un peu d'eau selon la texture souhaitée. Au moment de servir, ajoutez l'huile.

Pour gagner du temps, vous pouvez utiliser de la purée de haricots verts surgelés en galets. Mais évitez les haricots verts en conserve, trop riches en sel.

PURÉE DE PÂTISSON
et de vitelottes au lapin

15 min | 20 min

2 portions

RECETTE Salée

200 g
de pâtisson

3 ou 4
vitelottes

20 g
de chair de lapin

30 ml
de lait 2e âge

2 c. à café (10 g)
d'huile de votre choix

1 Épluchez, épépinez et lavez le pâtisson. Lavez et épluchez les vitelottes. Coupez les légumes en petits dés. Faites-les cuire avec le lapin 20 min à la vapeur.

2 Mixez la viande avant d'ajouter les légumes et le lait. Mixez de nouveau. Au moment de servir, ajoutez l'huile.

Les vitelottes donnent un aspect coloré à la purée. Vous pouvez les cuisiner avec d'autres variétés de pommes de terre. Vous pouvez aussi utiliser des pommes de terre classiques.

À SAVOIR

Le lapin est une viande maigre riche en certains acides aminés essentiels et source appréciable de vitamines (B3 et B12) et de minéraux (phosphore notamment).

PURÉE MÉRIDIONALE
à l'agneau

15 min

15 min

2 portions

RECETTE Salée

1 Épluchez, lavez, épépinez, puis coupez les légumes. Faites-les cuire avec le basilic 15 min à la vapeur.

2 Pendant ce temps, faites chauffer 180 ml d'eau. À ébullition, baissez le feu et versez-y le tapioca en pluie en remuant avec une cuillère. Laissez cuire 4 à 7 min selon le temps indiqué sur le paquet.

3 Faites griller l'agneau sans ajouter de matière grasse. Mixez très finement la viande cuite, puis ajoutez les légumes et le tapioca. Au besoin, ajoutez un peu d'eau selon la texture souhaitée. Ajoutez l'huile au moment de servir.

1
courgette

1
aubergine

20 g
d'épaule d'agneau

1 ou 2 feuilles
de basilic

20 g
de tapioca

2 c. à café (10 g)
d'huile de votre choix

PURÉE DE POTIRON,
haricots verts et pomme de terre

15 min | 20 min

2 portions

RECETTE Salée

125 à 150 g
de potiron

100 g
de haricots verts

1
petite pomme de terre

30 à 50 ml
de lait 2e âge

1 Épluchez ou équeutez les légumes. Lavez-les, puis coupez-les en petits morceaux.

2 Faites-les cuire 20 min à la vapeur ou 15 min sous pression. Mixez-les finement et ajoutez la quantité de lait selon la texture souhaitée.

Remplacez le potiron par une carotte ou un panais et la pomme de terre par de la patate douce.

PURÉE
de pommes de terre et d'épinards

10 min | 20 min

2 portions | RECETTE Salée

2
petites pommes de terre

100 à 150 g
d'épinards

2 c. à café (10 g)
de crème fraîche

... et aussi
noix de muscade râpée (1 pointe de couteau, facultatif)

1 Lavez les pommes de terre. Épluchez-les, relavez-les et coupez-les en petits morceaux. Équeutez les épinards en éliminant au maximum les fibres des feuilles (nervures). Lavez-les 2 ou 3 fois pour éliminer la terre, le sable et les insectes.

2 Faites cuire les légumes 20 min à la vapeur ou 15 min sous pression. Mixez-les finement en ajoutant éventuellement la noix de muscade. Au moment de servir, ajoutez la crème.

Vous pouvez remplacer les épinards par 150 g de feuilles de laitue.

SOUPE de potiron complète

15 min

20 min

1 portion

RECETTE Salée

200 g
de potiron

1/4
de jaune d'œuf dur

250 ml
de lait 2e âge

À SAVOIR

Le potiron est souvent confondu avec la citrouille qui, elle, est exclusivement réservée à l'alimentation animale.

1 Lavez et épluchez le potiron, puis enlevez les pépins et coupez-le en dés. Faites-le cuire 20 min à la vapeur ou 12 à 14 min sous pression.

2 Mixez-le, ajoutez le jaune d'œuf dur et le lait. Mixez de nouveau et servez tiède au biberon ou dans une assiette.

Pendant la cuisson du potiron, faites cuire 1 œuf pour avoir votre jaune d'œuf dur. Utilisez-en seulement le quart pour le plat de votre enfant, le reste pourra être mouliné et servira de décoration « mimosa » sur un plat de crudités pour la famille.

PURÉE
de pommes de terre au canard

15 min

20 min

2 portions

RECETTE Salée

3 ou 4
pommes de terre

20 g
de filet de canard

40 à 50 ml
de lait 2e âge

2 c. à café (10 g)
d'huile de votre choix

... et aussi
noix de muscade râpée (1 pointe de couteau, facultatif)

1 Lavez, épluchez et coupez les pommes de terre en morceaux. Faites-les cuire 20 min à la vapeur ou 15 min sous pression.

2 Pendant ce temps, faites griller le filet de canard sans ajouter de matière grasse. Mixez la viande cuite. Écrasez ou mixez les pommes de terre, ajoutez le lait, la viande mixée et éventuellement la noix de muscade. Ajoutez l'huile au moment de faire déguster.

Pour varier, utilisez 2 ou 3 patates douces (350 à 400 g) à la place des pommes de terre.

À SAVOIR

La chair de canard est riche en acides gras mono-insaturés, dont la composition se rapproche de celle de l'huile d'olive.

BAR AU FENOUIL en papillote

15 min — 20 min — 2 portions — RECETTE Salée

40 g de bar

1 bulbe de fenouil

2 c. à café de jus de citron

2 c. à café (10 g) d'huile de votre choix

1 Retirez les feuilles extérieures du bulbe qui renferment les fibres les plus coriaces, éliminez le cœur, puis coupez le fenouil en petits morceaux pour réduire le temps de cuisson.

2 Préchauffez le four à 200 °C. Enlevez les arêtes éventuelles du poisson et la peau.

3 Répartissez les morceaux de fenouil et le bar sur 2 feuilles de papier sulfurisé ou dans 2 papillotes en silicone et ajoutez le jus de citron. Enfournez pour 20 à 25 min. Laissez tiédir, puis ajoutez l'huile au moment de faire déguster.

Selon la texture souhaitée, écrasez le fenouil et le bar à la fourchette ou mixez-les.

La meilleure saison pour acheter du bar frais se situe entre avril et août. Notez que le bar d'élevage est plus gras que le bar sauvage.

POTAGE EN JULIENNE
et pâtes « alphabet »

15 min

25 min

2 portions

RECETTE Salée

1 Lavez et épluchez les légumes. Émincez finement le poireau, puis râpez la carotte. Versez le tout dans une casserole, recouvrez d'eau, ajoutez le thym et le laurier, et faites cuire 20 min après ébullition.

2 Retirez le thym et le laurier, puis ajoutez les pâtes et faites cuire encore 5 min. En fin de cuisson, ajoutez éventuellement la noix de muscade.

À la place des pâtes, vous pouvez utiliser de la semoule ou du tapioca. Vous pouvez aussi mixer les légumes et faire cuire les pâtes à part.

1
blanc de poireau

1
belle carotte

30 g
de pâtes « alphabet »

1 brin
de thym

1 feuille
de laurier

... et aussi
noix de muscade râpée (1 pointe de couteau, facultatif)

PURÉE
de brocoli au saumon

10 min

20 min

2 portions

RECETTE Salée

150 g
de brocoli

40 g
de saumon frais

2
petites pommes de terre

2 ou 3 feuilles
de persil

2 c. à café (10 g)
de crème fraîche

1 Lavez le brocoli et coupez-le en morceaux. Lavez, épluchez et coupez les pommes de terre en petits cubes. Lavez le persil. Éliminez les arêtes éventuelles et la peau du saumon.

2 Faites cuire les légumes et le persil 20 min à la vapeur ou 30 min à l'étouffée, en ajoutant le saumon 10 min avant la fin de la cuisson. Mixez le tout et ajoutez la crème au moment de servir.

Plus vous couperez les pommes de terre et le brocoli en petits morceaux, plus le temps de cuisson sera réduit.

SOUPE FROIDE
au concombre

10 min — sans cuisson

2 portions — RECETTE Salée

10 cm
de concombre

2 c. à café
de jus de citron

2 c. à soupe
de fromage blanc

... et aussi
noix de muscade râpée (1 pointe de couteau, facultatif)

À SAVOIR

Très riche en eau (plus de 95 %), le concombre fournit aussi des fibres, de la provitamine A, de la vitamine K et du cuivre. Le concombre doit être ferme. Plus il est petit et mince, moins ses graines sont développées et plus il est savoureux.

1 Lavez, épluchez, puis épépinez le concombre. Mixez-le avec le jus de citron.

2 Ajoutez le fromage blanc et éventuellement la noix de muscade, puis mixez de nouveau. Délayez au besoin avec 4 à 6 c. à soupe d'eau selon la texture souhaitée.

Cette soupe ne peut pas être congelée, elle est à consommer dans les 24 h.

PURÉE aux 4 « P »

15 min
20 min
2 portions
RECETTE Salée

1
petite pomme de terre

1 petite tranche
de potiron

1/2
blanc de poireau

40 g
de pintade

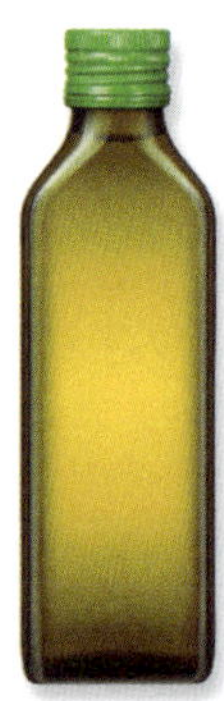

2 c. à café (10 g)
d'huile de votre choix

... et aussi
noix de muscade râpée (1 pointe de couteau, facultatif)

1 Lavez les légumes, épluchez la pomme de terre et le potiron, puis coupez-les en dés. Émincez le poireau. Faites cuire les légumes 20 min à la vapeur ou 13 à 15 min sous pression.

2 Pendant ce temps, faites griller le morceau de pintade sans ajouter de matière grasse. Mixez finement la viande.

3 En fin de cuisson, mixez ensemble les légumes avec éventuellement la noix de muscade, puis la viande mixée. Ajoutez l'huile au moment de servir.

Vous pouvez aussi répartir la viande mixée sur la purée plutôt que de l'incorporer dedans. Si votre enfant préfère les petits morceaux, coupez finement les légumes avant leur cuisson et la viande après sa cuisson.

VELOUTÉ de courgette

10 min

10 min

2 portions

RECETTE Salée

1

belle courgette

1

petite gousse d'ail

1

petit-suisse (60 g)

... et aussi

noix de muscade râpée (1 pointe de couteau, facultatif)

À SAVOIR

Il est recommandé d'éplucher la courgette si votre enfant a les intestins fragiles. Si, au contraire, il a tendance à être constipé, laissez la peau : cela augmentera l'apport en fibres et aidera au bon fonctionnement intestinal.

1 Lavez la courgette et coupez-la en morceaux. Épluchez l'ail. Dans une petite casserole, faites cuire la courgette à couvert avec l'ail et 300 à 350 ml d'eau pendant 10 min.

2 Mixez le tout avec le petit-suisse. Ajoutez éventuellement la noix de muscade au moment de servir.

Vous pouvez utiliser du fromage Kiri® à la place du petit-suisse, il contient davantage de calcium, mais aussi de sodium.

BANANE
au fromage blanc

10 min

10 min

2 portions

RECETTE Sucrée

1
banane

100 g
de fromage blanc

1 c. à café
de jus de citron

1 pointe de couteau
de cannelle en poudre

1 Lavez, épluchez et coupez la banane en rondelles. Versez le jus de citron dessus. Faites-la cuire 10 min à la vapeur.

2 Mixez-la finement, puis ajoutez le fromage blanc et la cannelle. Servez tiède ou froid.

COMPOTE de pommes

10 min | 15 min

2 portions

RECETTE Sucrée

À SAVOIR

À la saison des pommes, n'hésitez pas à faire des compotes d'avance que vous pourrez facilement congeler dans des petites boîtes pour en avoir toujours à disposition. Pensez à bien étiqueter vos compotes (date de fabrication, poids, nature du fruit).

2

pommes

1 Lavez les pommes, pelez-les et coupez-les en quatre. Éliminez soigneusement les cœurs de façon à enlever toutes les parties dures.

2 Recoupez les quartiers de pomme en petits cubes. Faites-les cuire 15 min à la vapeur. Mixez finement et servez tiède ou froid.

À la place des pommes, vous pouvez utiliser des poires. Veillez à éliminer soigneusement le cœur pour ne pas avoir de grains durs dans votre compote, ce qui risquerait de déplaire à votre enfant. Dans un premier temps, mixez finement les fruits, puis plus grossièrement et enfin écrasez-les à la fourchette. Votre enfant découvrira ainsi diverses textures d'un aliment qu'il aime.

COMPOTE
banane et poire

10 min | 15 min

2 portions

RECETTE Sucrée

1 banane

1 poire

1 c. à café de jus de citron

1 Lavez les fruits et épluchez-les. Coupez la poire en quatre et éliminez le cœur. Coupez la banane en rondelles et ajoutez-les à la poire avec le jus de citron.

2 Faites cuire les fruits 15 min à la vapeur, puis mixez-les. Laissez refroidir avant de servir.

Vous pouvez remplacer la poire par une pêche, une pomme ou un brugnon.

COMPOTE de pêches

10 min

15 min

2 portions

RECETTE Sucrée

2
belles pêches

1 Lavez et pelez les pêches, puis coupez-les en quatre. Éliminez les noyaux et les petits fils autour.

2 Faites cuire les pêches 15 min à la vapeur. Mixez-les finement et servez tiède ou froid.

Cette recette se réalise aussi très bien avec des brugnons ou des nectarines. N'hésitez pas à varier la couleur avec des pêches blanches ou jaunes. Vous pouvez également remplacer les pêches par 6 à 8 abricots (300 g).

COMPOTE BANANE
et abricots à la vanille

10 min | 15 min

2 portions

RECETTE Sucrée

À SAVOIR

Les abricots sont riches en bêta-carotène qui, dans l'organisme, se transforme en vitamine A.

1
banane

3 ou 4
abricots

1/4
de gousse de vanille

1 c. à café
de jus de citron

1 Lavez, épluchez et coupez la banane en rondelles. Versez le jus de citron dessus. Lavez les abricots, ouvrez-les en deux et éliminez les noyaux.

2 Faites cuire les fruits avec la vanille 15 min à la vapeur. Grattez les grains de vanille de la gousse, déposez-les sur les fruits cuits, puis mixez le tout. Servez tiède ou froid.

Laver la banane avant de l'éplucher permet de limiter toute contamination éventuelle avec un produit chimique ou une salissure.

COMPOTE de prunes

10 min
15 min
2 portions
RECETTE Sucrée

À SAVOIR

Cette compote est particulièrement recommandée en cas de selles dures ou de constipation. Par contre, n'hésitez pas à éliminer la peau des prunes après cuisson si votre enfant a les intestins fragiles.

10 à 12 prunes

1 Lavez les prunes, coupez-les en deux et éliminez les noyaux.

2 Faites-les cuire 15 min à la vapeur. Mixez-les finement et servez tiède ou froid.

Vous pouvez utiliser toutes sortes de prunes, des noires, rouges, jaunes ou mauves. La reine-claude, la mirabelle et la quetsche sont des variétés de prunes.

COMPOTE
pomme et abricots

10 min | 20 min
2 portions | RECETTE Sucrée

À SAVOIR

Selon la pomme choisie, ce mélange sera plus ou moins acide ou sucré. La boskoop, par exemple, est plus acidulée que la golden.

1
belle pomme

3 ou 4
abricots

1 c. à café
de jus de citron

1 Lavez les fruits. Pelez la pomme, coupez-la en quatre et éliminez le cœur. Recoupez-la en dés et versez le jus de citron dessus. Ouvrez les abricots en deux, éliminez les noyaux et coupez-les en petits morceaux.

2 Faites cuire les fruits 20 min à la vapeur, puis mixez-les. Laissez refroidir avant de servir.

Remplacez les abricots par une pêche. Selon le fruit, vous pouvez ajouter une pointe de couteau de cannelle en poudre.

TAPIOCA au lait à la banane

10 min

15 min

2 portions

RECETTE Sucrée

20 g
de tapioca

200 ml
de lait 2e âge

À SAVOIR

Le tapioca est un féculent qui ne contient pas de gluten, il est donc totalement compatible en cas d'intolérance au gluten (ou maladie cœliaque).

1
banane

1 c. à café
de jus de citron

1 Lavez, épluchez et coupez la banane en rondelles. Versez le jus de citron dessus. Faites-la cuire 15 min à la vapeur.

2 Pendant ce temps, faites chauffer le lait et versez-y le tapioca en pluie en remuant avec une cuillère. Laissez cuire à feu doux 4 à 7 min selon le temps indiqué sur le paquet.

3 Mixez la banane cuite et ajoutez le tapioca. Servez tiède ou froid.

BOUILLIE
à la poire et au chocolat

10 min

3 min

1 portion

RECETTE Sucrée

À SAVOIR

Attention ! N'ajoutez pas de sucre, il n'est pas souhaitable d'habituer trop tôt votre enfant au goût sucré. Les fruits contiennent suffisamment de glucides pour lui faire apprécier les desserts à base de fruits sans aucun ajout de sucre.

1/2
poire bien mûre

12 g de farine infantile
instantanée au cacao

120 ml
de lait 2e âge

1 c. à café
de jus de citron

1 Lavez, épluchez et coupez la poire en quatre. Éliminez le cœur, puis écrasez les quartiers avec le jus de citron ou mixez-les finement.

2 Faites chauffer le lait. Une fois tiède, délayez-y la farine infantile, puis incorporez la poire écrasée ou mixée. Servez.

Vous pouvez remplacer la poire par une demi-banane bien mûre.

CERISES au lait vanillé

10 min

3 min

1 portion

RECETTE Sucrée

1 poignée
de cerises bien mûres

120 ml
de lait 2e âge

12 g de farine infantile
instantanée à la vanille

À SAVOIR

La cerise est le plus sucré des fruits rouges et aussi le plus énergétique. Elle est riche en potassium et en calcium. Sa teneur en vitamine C, variable selon les variétés, permet toutefois d'en assurer un apport convenable.

1 Lavez et dénoyautez les cerises, puis mixez-les.

2 Faites chauffer le lait. Une fois tiède, délayez-y la farine infantile, puis ajoutez les cerises mixées. Servez.

En automne, réalisez ce dessert avec des prunes ou des mirabelles.

POMME ET POIRE biscuitées

10 min

15 min

2 portions

RECETTE Sucrée

1 pomme

1 poire

2 biscuits infantiles

1 Lavez et pelez les fruits, puis coupez-les en quatre et éliminez les cœurs. Recoupez-les en cubes.

2 Faites-les cuire 15 min. Mixez-les finement avec les biscuits infantiles. Servez tiède ou froid.

Si votre enfant a une préférence pour un fruit ou pour un autre, vous pouvez réaliser cette recette sans faire de mélange de fruits. Vous pouvez aussi remplacer la poire par de la pêche ou des abricots.

SEMOULE au lait

5 min

6 min

2 portions

RECETTE Sucrée

20 g de semoule fine

200 ml de lait 2e âge

15 g de sucre

À SAVOIR

Attention ! Ne dépassez jamais la dose de 10 g de sucre ajouté par portion de dessert, ceci afin de ne pas stimuler l'appétence de votre enfant au goût sucré.

1 Faites chauffer le lait. Lorsqu'il est chaud, versez-y la semoule en pluie, baissez le feu et laissez cuire 3 ou 4 min sans cesser de remuer.

2 Ajoutez le sucre hors du feu et versez dans 2 ramequins. Laissez tiédir avant de faire déguster.

Vous pouvez remplacer la semoule par du tapioca.

SMOOTHIE
pêche et abricots

5 min
sans cuisson
1 portion
RECETTE Sucrée

1/2
pêche

2
petits abricots

3 c. à soupe
de jus d'orange

1 Lavez les fruits et enlevez la peau de la pêche. Coupez-les en deux et éliminez les noyaux.

2 Mixez les fruits avec le jus d'orange. Servez aussitôt.

Ce dessert peut être donné au biberon, à la cuillère ou au verre, selon les préférences de votre enfant.

MIXÉ de melon

5 min

sans cuisson

1 portion

RECETTE Sucrée

À SAVOIR

Le melon est une bonne source de provitamine A et vitamine C. Il renferme aussi divers antioxydants. Les fruits à pulpe orangée en contiennent beaucoup plus que ceux à chair pâle. Attention ! Ce dessert peut avoir un effet laxatif s'il est consommé trop fréquemment.

150 g
de melon

1 Lavez le melon avant d'en prélever une tranche. Épluchez et épépinez-la.

2 Coupez la tranche en 5 ou 6 morceaux, puis mixez-la. Servez aussitôt.

Pour préserver au maximum les vitamines, il est préférable de réaliser les portions juste avant de les faire déguster. L'aspect du mixé de fruit n'en sera que plus agréable à la vue et celui-ci aura meilleur goût. Vous trouverez des melons de mai à septembre. Choisissez-les bien mûrs pour avoir un dessert sucré et parfumé.

MIXÉ
banane et pêche

5 min

sans cuisson

1 portion

RECETTE Sucrée

1/2
banane

1/2
pêche

2 c. à café
de jus de citron

À SAVOIR

Cette association est très complémentaire sur le plan nutritionnel. La banane apporte ses sucres (lents et rapides) et notamment de la vitamine B6 ; de son côté, la pêche apporte son eau, ses fibres et certaines vitamines comme la B3.

1. Coupez la demi-banane en rondelles. Lavez et épluchez la pêche. Éliminez le noyau, puis coupez-la en 4 à 6 morceaux.

2. Mixez les fruits avec le jus de citron. Servez aussitôt.

Vous pouvez remplacer la pêche par 1 ou 2 abricots bien mûrs.

MILK-SHAKE
à la banane

5 min — sans cuisson

1 portion — RECETTE Sucrée

À SAVOIR

La banane est un des fruits les plus équilibrés en vitamines, presque toutes représentées.

120 ml
de lait 2e âge

1/2
banane bien mûre

1 c. à café
de jus de citron

1 Lavez, épluchez et coupez la banane en rondelles.

2 Mixez-la avec le jus de citron et le lait. Servez aussitôt.

La banane est prête à être consommée lorsqu'elle est bien jaune, sans pointes vertes et que des taches brunes commencent à apparaître. Plus la banane est mûre, plus elle a un goût sucré prononcé. Néanmoins, si vous souhaitez la garder quelques jours, choisissez-la bien jaune avec les pointes vertes.

MILK-SHAKE
poire et abricots

5 min — sans cuisson

1 portion — RECETTE Sucrée

120 ml
de lait 2e âge

1/2
poire bien mûre

1 ou 2
abricots

1 c. à café
de jus de citron

1. Lavez les fruits, épluchez la poire et dénoyautez les abricots.

2. Mixez les fruits avec le jus de citron et ajoutez le lait. Mixez de nouveau et servez aussitôt.

SMOOTHIE
poire, banane et orange

10 min sans cuisson

1 portion

RECETTE
Sucrée

1/2
poire

1/2
banane

5 cl
de jus d'orange

1 Lavez et épluchez les fruits. Éliminez le cœur de la poire et coupez-la en morceaux. Coupez la banane en rondelles.

2 Mixez les fruits avec le jus d'orange. Servez aussitôt.

Vous pouvez aussi utiliser du jus de pomme à la place du jus d'orange. Ce dessert ravira petits et grands.

DE 1 AN À 18 MOIS

Vers une alimentation de grand

Recettes salées

Recettes sucrées

LE DÉBUT DE LA MASTICATION

À partir de 1 an, votre enfant mastique plus ou moins bien selon sa dentition. La diversification alimentaire se poursuit, tant au niveau des goûts que des textures. Respectez ses goûts et ne le forcez pas, mais n'hésitez pas non plus à proposer l'aliment refusé sous une autre forme, car à cet âge, l'enfant a tendance à s'opposer pour s'affirmer.

Pris à heure fixe, 4 repas doivent ponctuer sa journée. Ne l'obligez pas à terminer ses portions. Par contre, si votre enfant ne semble jamais rassasié, veillez à ce que sa consommation de viande, poisson et œuf corresponde bien aux quantités recommandées. Ne lui donnez rien en dehors des repas et évitez les sucreries.

LE LAIT ET LES LAITAGES

Jusqu'à 3 ans, votre enfant garde une alimentation très lactée. Si vous allaitez, vous pouvez continuer l'allaitement à la demande. Sinon, donnez-lui du lait infantile, à raison de 500 ml par jour (soit 2 biberons), avec un maximum de 800 ml par jour pour ne pas apporter trop de protéines. Attention, ne remplacez surtout pas le lait infantile par du lait de vache qui contient trop de protéines. Par ailleurs, ce lait est moins riche en fer et en acides gras essentiels. Toutefois, son introduction dans des purées ou en petites quantités dans les préparations devient possible.
L'apport lacté sera complété par des laitages (adaptés à l'âge de l'enfant de préférence) et du fromage (avec modération en raison de la forte teneur en sel).

LES SUCRES ET LES PRODUITS SUCRÉS

Ils sont à limiter le plus possible, car ils ne sont pas indispensables à la croissance de votre enfant. De plus, ils risquent de l'habituer très vite au goût sucré, qui flatte son palais.

LES MATIÈRES GRASSES

Préférez toujours les huiles pour offrir un apport en matière grasse végétale, 5 g d'huile par portion (soit 1 c. à café), ou la même quantité de beurre ou de crème fraîche. Toujours pas de friture.

LA BOISSON

Une seule boisson est indispensable au bon fonctionnement de l'organisme, et ce quel que soit l'âge : l'eau pure. De l'eau faiblement minéralisée, au robinet (si votre mairie confirme qu'elle est peu nitratée, et donc consommable par les enfants en bas âge) ou en bouteille.
Les jus de fruits ne sont pas indispensables. Vous pouvez éventuellement proposer à votre enfant des jus 100 % fruits sans ajout de sucre. Évitez les « nectars » (constitués de fruits et d'eau additionnée de sucre). Ne lui proposez pas de sirops ni de sodas (même « light »), de tisanes ou de boissons aux extraits de plantes sans avis médical.

LES FÉCULENTS

Ils accompagnent chaque repas de votre enfant afin de lui donner une sensation de satiété (céréales infantiles, pain, riz, pommes de terre, semoule, petites pâtes, quinoa, tapioca, biscuits infantiles...). Les céréales infantiles sont plus digestes, car elles subissent une précuisson (farines « précuites ») ou une cuisson totale (farines « instantanées » ou « cuites »). Pour une bonne tolérance digestive, vous pouvez prolonger leur utilisation. De même, les biscuits infantiles sont plus adaptés que les boudoirs traditionnels, souvent plus riches en sucre.

LES LÉGUMES ET LES FRUITS

En consommer 3 à 5 portions par jour est une excellente habitude. En purées, en morceaux tendres cuits ou même crus, en gratins, en soufflés... L'éventail des légumes (chou-fleur, avocat, tomate...) et des fruits (fraises, framboises, kiwi...) s'élargit.

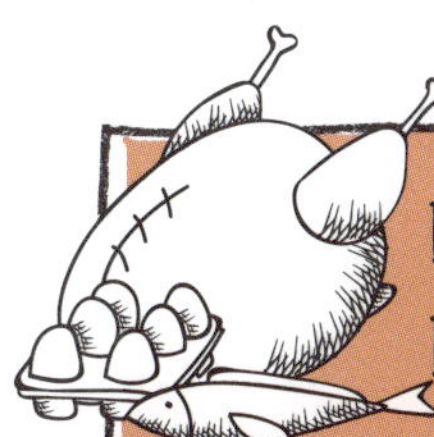

LA VIANDE, LE POISSON ET LES ŒUFS

La ration quotidienne de protéines augmente, mais légèrement : au maximum, 25 à 30 g par jour (soit 5 ou 6 c. à café) ou 1/2 œuf dur. La viande peut être coupée en petits morceaux selon la dentition de votre enfant. Attention, toujours pas d'abats ni de charcuterie. Les crustacés restent déconseillés jusqu'à 3 ans.

COQUILLETTES au potiron

10 min | 12 min

1 portion

RECETTE Salée

20 g de coquillettes

1 petite tranche de potiron

1 c. à café (5 g) de crème fraîche

1 pointe de couteau de curry doux

1 Faites cuire les coquillettes dans un grand volume d'eau bouillante 12 à 15 min selon le temps indiqué sur le paquet.

2 Pendant ce temps, lavez, épluchez et enlevez les pépins du potiron. Coupez-le en dés et faites-les cuire 10 à 12 min à l'étouffée. En fin de cuisson, ajoutez la crème et le curry.

3 Déposez les coquillettes cuites dans une assiette, ajoutez dessus le potiron et servez.

Le potiron peut être remplacé par une courgette ou un panais. Le temps de cuisson pour le panais est de 20 min au minimum.

CHOU-FLEUR
et pomme de terre au jambon

10 min | 15 min

1 portion

RECETTE Salée

2 ou 3
petits bouquets de chou-fleur

1
petite pomme de terre

20 g
de jambon dégraissé

1 c. à café (5 g)
d'huile de votre choix

1 Lavez les légumes. Épluchez et coupez la pomme de terre, puis coupez les bouquets de chou-fleur.

2 Faites-les cuire 15 min à la vapeur ou 10 min sous pression.

3 Coupez le jambon en petits morceaux ou moulinez-le. Mixez les légumes et déposez-les sur une assiette. Ajoutez l'huile, puis parsemez de jambon.

Vous pouvez remplacer le chou-fleur par des bouquets de brocoli ou une carotte.

COUSCOUS
de légumes

20 min

30 min

4 portions

RECETTE Salée

1 Lavez, épluchez et coupez les carottes, le navet et les courgettes en morceaux. Lavez et coupez les tomates en quatre.

2 Dans une casserole, diluez le cube de bouillon dans 500 ml d'eau, ajoutez-y les légumes et le thym. Laissez cuire 30 min.

3 Dans un petit saladier, versez la semoule et ajoutez-y 2 ou 3 louches de bouillon de cuisson chaud, puis couvrez et laissez gonfler 3 min.

4 Servez la semoule avec les légumes cuits, ajoutez l'huile et les raisins.

Ce plat peut être complété par de la viande d'agneau ou de bœuf grillée.

120 g
de semoule

2
carottes

1
petit navet

2
courgettes

2
tomates

... et aussi
bouillon de légumes (1/4 de cube)
thym (1 brin)
huile d'olive (4 c. à café)
raisins secs (4 c. à café)

MINI-FLANS d'épinards

10 min

25 min

2 portions

RECETTE Salée

300 g
d'épinards hachés cuits

1
œuf

2 c. à café (10 g)
de crème fraîche

200 ml
de lait

1 pointe de couteau
de noix de muscade râpée

1 Préchauffez le four à 180 °C. Dans un petit saladier, battez l'œuf en omelette, ajoutez-y la crème, le lait, les épinards et la noix de muscade.

2 Versez ce mélange dans 2 ramequins et enfournez pour 25 min. Servez chaud ou tiède.

La seconde portion ne se conserve pas, mais fera la joie d'un adulte ou d'un aîné. Pour réaliser cette recette plus rapidement, vous pouvez utiliser des galets de purée de légumes surgelés.

GRATIN
de chou-fleur et œuf dur

10 min

20 min

1 portion

RECETTE Salée

1 Lavez le chou-fleur et faites-le cuire 15 min à la vapeur.

2 Pendant ce temps, diluez la fécule dans le lait et faites épaissir à feu doux. Ajoutez la noix de muscade et le gruyère. Moulinez l'œuf dur.

3 Préchauffez le gril du four. Dans un petit plat à gratin, déposez et écrasez légèrement le chou-fleur cuit, parsemez d'œuf mouliné, puis versez la béchamel. Passez 3 à 5 min sous le gril du four.

L'œuf en gratin se marie aussi avec le brocoli ou les épinards.

120 à 150 g
de chou-fleur

1/2
œuf dur

1 c. à café rase (5 g)
de fécule de maïs

80 ml
de lait

1 pointe de couteau
de noix de muscade râpée

5 g
de gruyère râpé

GRATIN
de semoule à la courgette

15 min | 20 min

2 portions

RECETTE Salée

60 g
de semoule fine

1
courgette

2 c. à café (10 g)
d'huile d'olive

20 g
de gruyère râpé

1 Préchauffez le four à 200 °C. Lavez, épluchez et râpez la courgette.

2 Faites gonfler la semoule avec 2 fois son volume en eau chaude 2 ou 3 min, puis ajoutez l'huile.

3 Dans un plat à gratin, déposez la semoule, puis la courgette râpée. Parsemez de gruyère et enfournez pour 20 min.

La semoule de blé fine ne nécessite pas de cuisson. Vous n'avez plus qu'à agrémenter le plat en fonction des goûts de votre enfant.

PAPILLOTE DE FLÉTAN
au poireau et à l'orange

10 min | 25 min

1 portion | RECETTE Salée

20 g
de flétan

1
blanc de poireau

1 rondelle
d'orange

1 brin
de ciboulette ciselée

1 Préchauffez le four à 180-200 °C. Lavez et émincez finement le poireau.

2 Sur une feuille de papier sulfurisé ou dans une papillote en silicone, déposez le poireau, le flétan, la ciboulette et la tranche d'orange. Fermez la papillote et enfournez pour 25 min.

Vous pouvez remplacer la rondelle d'orange par une rondelle de citron ou un quartier de pomme.

PAPILLOTE DE POULET
à la pomme et à la pomme de terre

15 min
20 min
1 portion
RECETTE Salée

À SAVOIR

Choisissez une pomme qui se prête bien à cette recette, la canada, la reinette ou la boskoop. Évitez la granny smith et la Pink Lady®, qui sont plutôt des pommes à croquer.

20 g
de filet de poulet

1/2
pomme

1
pomme de terre

2 c. à café
de jus de citron

1 Préchauffez le four à 180-200 °C. Lavez, épluchez et coupez la pomme et la pomme de terre en petits dés.

2 Mélangez-les avec le jus de citron, puis déposez-les sur une feuille de papier sulfurisé ou dans une papillote en silicone. Ajoutez le poulet par-dessus, fermez la papillote et enfournez pour 20 à 25 min.

Si votre enfant aime cette association sucré-salé, vous pouvez remplacer la pomme par de la poire type conférence.

PAPILLOTE DE LAPIN
à la carotte râpée

15 min | 30 min

1 portion

RECETTE Salée

À SAVOIR

Le lapin est une viande blanche et maigre. Elle contient moins de graisses et de cholestérol que les viandes rouges (bœuf, porc, agneau). Grâce à ses protéines de haute qualité, cette viande est très nutritive.

20 g
de lapin (râble ou cuisse)

1
petite carotte

1 rondelle
d'oignon

2 ou 3 feuilles
de persil

1 Préchauffez le four à 180-200 °C. Lavez, épluchez et râpez la carotte. Émincez l'oignon.

2 Sur une feuille de papier sulfurisé ou dans une papillote en silicone, déposez la carotte, l'oignon, le persil et le lapin. Fermez la papillote et enfournez pour 30 à 35 min.

Vous pouvez remplacer le lapin par de la dinde ou du poulet et utiliser de l'estragon ou du basilic pour faire découvrir d'autres saveurs.

FAÇON PARMENTIER

à la carotte et au panais

20 min

25 min

1 portion

RECETTE Salée

1
petite carotte

1/2
panais

20 g
de steak haché

20 à 30 ml
de lait

1 pointe de couteau
de curry doux

1 c. à café
de persil haché

1 Lavez, épluchez et coupez les légumes. Faites-les cuire 20 min à la vapeur.

2 Pendant ce temps, faites griller le steak haché sans ajouter de matière grasse.

3 Préchauffez le four à 180-200 °C. Écrasez les légumes à la fourchette en y ajoutant le lait, le curry et le persil.

4 Dans un plat à gratin, déposez la moitié des légumes écrasés, ajoutez la viande et recouvrez avec le reste de légumes. Passez 2 ou 3 min au four avant de servir.

Pour réaliser ce plat plus rapidement, vous pouvez utiliser des purées de légumes surgelées en galets. À vous de varier les saveurs de légumes !

PURÉE D'ARTICHAUT
et de pomme de terre

10 min — 15 min — 2 portions — RECETTE Salée

1 ou 2
fonds d'artichauts

1
pomme de terre

2 c. à café
de jus de citron

20 à 30 ml
de lait

1 pointe de couteau
de noix de muscade râpée

2 c. à café (10 g)
de crème fraîche

1 Lavez, épluchez et coupez la pomme de terre en morceaux. Faites-la cuire avec les fonds d'artichauts 15 min dans de l'eau très chaude additionnée de jus de citron.

2 Égouttez les légumes et mixez-les avec le lait et la noix de muscade. Au moment de servir, ajoutez la crème.

Une fois cuit, l'artichaut frais doit être consommé dans les 24 h, au risque de produire des moisissures toxiques. Mieux vaut utiliser des fonds d'artichauts surgelés pour la préparation des plats de votre enfant.

QUINOA AU POULET
et à la pomme

10 min

25 min

2 portions

RECETTE Salée

60 g
de quinoa

60 g
de blanc de poulet

1
pomme

1 pointe de couteau
de cannelle en poudre

2 c. à soupe
de jus de pomme

1 Faites cuire le quinoa à couvert avec 150 ml d'eau 20 à 25 min.

2 Pendant ce temps, lavez, épluchez et coupez la pomme en petits morceaux après avoir retiré le cœur.

3 Coupez le poulet en lamelles. Dans une poêle, faites-le griller sans ajouter de matière grasse. Ajoutez les morceaux de pomme et la cannelle, couvrez et laissez cuire 5 min à feu très doux.

4 Lorsque le quinoa est cuit, ajoutez-le au poulet, puis versez le jus de pomme et mélangez. Servez aussitôt.

À SAVOIR

Le quinoa est cuit lorsqu'il est légèrement translucide et que le germe blanc forme une spirale visible à l'extérieur du grain.

QUINOA
à la carotte

10 min
25 min
2 portions
RECETTE Salée

60 g
de quinoa

1
carotte

1 c. à café
de persil haché

2 c. à café (10 g)
d'huile de tournesol

1 Lavez et râpez la carotte. Dans une casserole, mélangez-la avec le quinoa et le persil.

2 Ajoutez 150 ml d'eau, couvrez et faites cuire 25 à 30 min à feu très doux. Ajoutez l'huile au moment de servir.

Vous pouvez remplacer la carotte par un petit panais.

RATATOUILLE
à la semoule

15 min | 20 min
2 portions | RECETTE Salée

1 Lavez, pelez et coupez la courgette, l'aubergine et le fenouil en petits morceaux. Lavez, pelez, épépinez et coupez la tomate.

2 Dans une casserole, faites cuire les légumes avec le thym et le romarin 20 à 25 min.

3 Lorsqu'ils sont cuits, ajoutez 100 à 150 ml d'eau, puis versez la semoule en pluie.

4 Éteignez le feu, couvrez et laissez gonfler la semoule 2 ou 3 min. Au moment de servir, ajoutez l'huile.

Vous pouvez remplacer le fenouil par un quart de poivron.

1/2
courgette

1/2
aubergine

50 g
de fenouil

1
tomate

60 g
de semoule

... et aussi
thym (1 brin)
romarin (1 c. à café)
huile d'olive (2 c. à café)

RIZ AU CABILLAUD, courgette et abricots

10 min

20 min

1 portion

RECETTE Salée

1 Lavez, épluchez et coupez la demi-courgette en petits morceaux. Lavez et ouvrez les abricots en deux. Éliminez les noyaux, puis coupez-les en petits morceaux.

2 Dans une casserole, faites cuire le riz à feu doux dans 4 fois son volume d'eau avec la courgette et les abricots.

3 Au bout de 15 à 17 min, ajoutez le cabillaud et le curry. Laissez cuire encore 3 ou 4 min. Ajoutez le persil au moment de servir.

Vous pouvez remplacer le riz par 20 g de boulgour.

20 g
de riz

30 g
de cabillaud

1/2
courgette

2
abricots

1 pointe de couteau
de curry doux

1 c. à café
de persil haché

RIZ cantonais

15 min | 20 min

1 portion | RECETTE Salée

20 g de riz

20 g de petits pois surgelés

1 œuf

15 g de jambon dégraissé

1 Dans une casserole, faites cuire le riz avec les petits pois 20 min à feu doux dans 4 fois son volume d'eau.

2 Battez l'œuf en omelette et faites-le cuire à feu vif dans une petite poêle antiadhésive. Coupez l'omelette en fines lamelles et prélevez-en un quart. Coupez le jambon en petits morceaux.

3 Lorsque le riz est cuit, ajoutez-y l'omelette et le jambon. Servez chaud.

COMPOTE
abricots et framboises

10 min

15 min

2 portions

RECETTE Sucrée

À SAVOIR

Les framboises sont des fruits très fragiles. Elles sont toujours vendues en barquette pour éviter les manipulations. Il faut les choisir fermes et charnues, de couleur vive. La saison est courte, elle va de juin à août. Pour faire de la compote, vous pouvez utiliser des framboises surgelées ou encore des brisures, moins chères.

5 à 8
abricots

100 à 125 g
de framboises

1 Lavez les fruits. Ouvrez les abricots en deux et éliminez les noyaux. Coupez-les en petits morceaux.

2 Faites cuire les fruits 15 min à la vapeur ou 20 min à feu doux dans une casserole avec 2 c. à soupe d'eau. Mixez et servez tiède ou froid.

À la place des abricots, vous pouvez utiliser 2 pêches ou 2 nectarines.

COMPOTE
pêches et myrtilles

10 min | 15 min

2 portions

RECETTE Sucrée

2
pêches

100 g
de myrtilles

1 Lavez les fruits. Pelez les pêches, éliminez les noyaux et coupez-les en dés.

2 Faites cuire les fruits 15 min à la vapeur ou 20 min à feu doux dans une casserole avec 2 c. à soupe d'eau. Mixez finement.

Une pêche mûre est souple sous la (légère) pression du doigt. Si la coloration de sa peau ne doit pas vous influencer, le parfum qu'elle dégage indique sa maturité.

COMPOTE
poire et fraises

10 min

15 min

2 portions

RECETTE
Sucrée

1
belle poire

250 g
de fraises

1 pointe de couteau
de vanille en poudre

À SAVOIR

La poire et la fraise sont des fruits très désaltérants en raison de leur richesse naturelle en eau. Leur apport en minéraux et oligoéléments est modéré, mais diversifié et bien équilibré.

1 Lavez et pelez la poire, coupez-la en quatre et éliminez le cœur. Recoupez-la en morceaux. Lavez et équeutez les fraises.

2 Faites cuire les fruits 15 min à la vapeur ou 20 min à feu doux dans une casserole avec 2 c. à soupe d'eau. Mixez et ajoutez la vanille. Servez tiède ou froid.

Vous pouvez remplacer la poire par une pêche et ajouter éventuellement 2 ou 3 gouttes d'eau de fleur d'oranger.

COMPOTE
pomme, banane et fraises

10 min
15 min
2 portions
RECETTE Sucrée

À SAVOIR

Choisissez des fraises brillantes, de couleur uniforme, avec une collerette et un pédoncule bien vert, et dégageant un parfum agréable. Si vous les donnez à déguster telles quelles, lavez-les juste avant, en gardant la queue pour éviter qu'elles ne se gorgent d'eau.

1
pomme

1/2
banane

125 g
de fraises

1 c. à café
de jus de citron

1 Lavez et pelez la pomme, coupez-la en quatre et éliminez le cœur. Coupez-la en petits morceaux. Lavez et épluchez la banane. Coupez-la en rondelles, puis citronnez-la. Lavez et équeutez les fraises.

2 Faites cuire les fruits 15 min à la vapeur ou 20 min à feu doux dans une casserole avec 2 c. à soupe d'eau. Mixez et servez tiède ou froid.

Vous pouvez remplacer la pomme par une poire ou une pêche. Vous pouvez aussi proposer les fruits cuits écrasés à la fourchette et ensuite tels quels, simplement cuits.

COMPOTE
pomme, poire et chocolat

10 min | 15 min

2 portions

RECETTE Sucrée

À SAVOIR

Dans cette recette, n'ajoutez surtout pas de sucre : le chocolat en contient suffisamment.

1
pomme

1
poire

5 g
de chocolat noir

1 c. à café
de jus de citron

1 Lavez et pelez la pomme et la poire, coupez-les en quatre et éliminez les cœurs. Coupez-les en petits dés et citronnez.

2 Faites-les cuire 15 min à la vapeur ou 20 min à feu doux dans une casserole avec 2 c. à soupe d'eau.

3 Pendant ce temps, râpez le chocolat à l'aide d'un couteau Économe. Mixez les fruits et répartissez le chocolat râpé par-dessus.

MILK-SHAKE poire et kiwi

5 min

sans cuisson

1 portion

RECETTE Sucrée

100 ml
de lait

1/2
poire

1
kiwi

1 c. à café
de sucre (facultatif)

1 Lavez et épluchez les fruits, éliminez le cœur de la poire. Coupez-les en morceaux.

2 Mixez-les finement avec le lait, puis ajoutez éventuellement le sucre. Servez aussitôt.

Une bonne poire est lourde et parfumée, sa peau est sans taches ni meurtrissures. Elle doit être souple sous la pression du doigt autour du pédoncule.

SOUPE FROIDE
de melon et tomate au basilic

15 min | sans cuisson

1 portion | RECETTE Sucrée

1 petite tranche
de melon

1/2
tomate

2 feuilles
de basilic

1 Lavez le melon avant d'en prélever une tranche et de la couper en morceaux. Lavez, pelez, puis épépinez la tomate.

2 Mixez-les avec le basilic. Servez aussitôt.

Vous pouvez remplacer le melon par une petite tranche de pastèque.

SALADE DE FRUITS
en orange

15 min — sans cuisson

4 portions — RECETTE Sucrée

1 Lavez les abricots, ouvrez-les en deux et éliminez les noyaux. Coupez-les en petits morceaux. Lavez et pelez le brugnon, puis dégagez les quartiers du noyau. Coupez-le en petits cubes.

2 Pelez l'orange et dégagez les quartiers sans la peau blanche pour limiter l'amertume.

3 Déposez les fruits dans un saladier, ajoutez le jus de pomme et l'eau de fleur d'oranger. Mélangez et réservez au frais jusqu'au moment de servir.

Pour peler à vif l'orange, munissez-vous d'un couteau à steak, vous arriverez ainsi mieux à trancher dans la peau. Une fois l'orange pelée, il vous suffit de dégager les quartiers.

6 à 8
abricots

1
brugnon jaune

1
orange

50 ml
de jus de pomme

1 c. à café
d'eau de fleur d'oranger

SALADE DE FRUITS

en vert

15 min — sans cuisson

4 portions

RECETTE Sucrée

1 pomme granny smith

2 kiwis

4 ou 5 prunes vertes

1 c. à café de jus de citron

1 Lavez les fruits, puis pelez la pomme et les kiwis. Coupez-les en petits morceaux. Déposez-les dans un saladier et arrosez-les de jus de citron.

2 Ouvrez les prunes et enlevez les noyaux. Coupez-les en petits morceaux et ajoutez-les aux autres fruits. Mélangez et réservez au frais jusqu'au moment de servir.

SALADE DE FRUITS
en rouge

15 min — sans cuisson

4 portions

RECETTE Sucrée

200 g
de framboises

200 g
de fraises

200 g
de cerises

50 ml
de jus de cassis

1 Passez rapidement les framboises sous l'eau. Lavez les fraises, équeutez-les, puis coupez-les en deux ou en quatre selon leur grosseur. Lavez et dénoyautez les cerises.

2 Dans un petit saladier, mettez tous les fruits et ajoutez le jus de cassis. Mélangez et réservez au frais jusqu'au moment de servir.

Prenez du jus de cassis en bouteille sans sucre ajouté.

SALADE DE FRUITS
multicolore

15 min — sans cuisson

4 portions — RECETTE Sucrée

1 Passez rapidement les framboises sous l'eau. Lavez et épluchez la pomme et le kiwi. Éliminez le cœur de la pomme. Lavez et ouvrez les abricots en deux, puis éliminez les noyaux.

2 Coupez les fruits en petits morceaux. Déposez-les dans un saladier et ajoutez le jus d'orange et la vanille. Mélangez et servez frais.

L'ajout de sucre n'est pas nécessaire, surtout lorsque les fruits sont à maturité. Cela ne ferait que stimuler chez votre enfant l'appétence au goût sucré. Utilisez du jus d'orange sans ajout de sucre.

100 g
de framboises

1
pomme

1
kiwi

5 à 7
abricots

50 ml
de jus d'orange

1 pointe de couteau
de vanille en poudre

SEMOULE à l'abricot

10 min

10 min

2 portions

RECETTE Sucrée

20 g de semoule

3 ou 4 abricots

200 ml de lait

10 g de sucre

1 Lavez les abricots, ouvrez-les en deux et ôtez les noyaux. Coupez-les en petits morceaux. Faites-les cuire 10 min à la vapeur.

2 Pendant ce temps, faites bouillir le lait. À ébullition, versez-y la semoule, puis baissez le feu et laissez cuire 3 à 6 min sans cesser de remuer.

3 En fin de cuisson, ajoutez les abricots cuits et le sucre. Répartissez dans 2 ramequins et laissez refroidir avant de servir.

Pour réaliser cette recette plus rapidement, vous pouvez utiliser de la compote d'abricots.

SMOOTHIE
melon et fraises

3 min · sans cuisson

1 portion · RECETTE Sucrée

1 petite tranche
de melon

5 ou 6
belles fraises

1 ou 2 c. à café
de jus de citron

À SAVOIR

Choisissez un melon lourd et sans taches. Son odeur doit être parfumée. Un pédoncule craquelé ou qui menace de se détacher est également un bon signe de maturité. Attention ! Le melon consommé en excès peut avoir un effet laxatif.

1. Pelez la tranche de melon, puis coupez-la en petits morceaux. Lavez et équeutez les fraises.

2. Mixez les fruits avec le jus de citron. Servez aussitôt.

Vous pouvez remplacer le melon par une petite tranche de pastèque.

SMOOTHIE
kiwi et abricots

3 min — sans cuisson

1 portion — RECETTE Sucrée

1
petit kiwi

2 ou 3
abricots

2 c. à café
de jus de citron

À SAVOIR

Il existe de nombreuses variétés d'abricots dont les principales sont le rouge du Roussillon, l'orangé de Provence et le bergeron.

1 Lavez et épluchez le kiwi. Coupez-le en petits morceaux. Lavez et ouvrez les abricots en deux, puis éliminez les noyaux.

2 Mixez les fruits finement avec le jus de citron et faites déguster rapidement.

À la place des abricots, vous pouvez utiliser une demi-pêche.

SMOOTHIE
orange, fraises et framboises

10 min — sans cuisson

1 portion — RECETTE Sucrée

1/2
orange

100 g
de fraises

100 g
de framboises

À SAVOIR

L'orange, les fraises et les framboises permettent de faire le plein de vitamine C, indispensable pour lutter contre les infections. Préparez ce dessert pour toute la famille.

1 Lavez et pelez l'orange à vif pour en dégager les quartiers sans la peau (la peau blanche donnerait une amertume à la préparation).

2 Lavez, puis équeutez les fraises. Passez rapidement les framboises sous l'eau. Mixez finement le tout et servez aussitôt.

Si les oranges se conservent relativement bien pendant une semaine à température ambiante, les placer dans le bac à légumes du réfrigérateur prolongera leur fraîcheur de 10 jours.

TOURBILLON
de cerises au petit-suisse

15 min

10 min

2 portions

RECETTE Sucrée

250 g
de cerises noires bien mûres

1
petit-suisse (60 g)

2 c. à café
de sucre (facultatif)

1 Lavez et dénoyautez les cerises. Faites-les cuire 10 à 15 min à feu moyen avec 2 ou 3 c. à soupe d'eau en surveillant qu'elles n'attachent pas.

2 Mixez-les finement et ajoutez éventuellement le sucre. Laissez tiédir, puis répartissez-les dans 2 coupes.

3 Ajoutez dans chacune la moitié du petit-suisse et mélangez légèrement pour créer un tourbillon blanc et rouge.

Le choix de cerises noires bien mûres permet de servir ce tourbillon de cerises sans aucun ajout de sucre. Ce dessert se consomme dans les 24 h et ne peut être congelé.

DE 18 MOIS À 3 ANS

Bébé mange (presque) de tout

Recettes salées

Recettes sucrées

SES GOÛTS S'AFFIRMENT

L'alimentation de votre enfant doit rester variée et équilibrée, et toujours comporter du lait chaque jour. Sa journée reste ponctuée par ses 4 repas pris à heures fixes. Il utilise de mieux en mieux ses couverts. Sa dentition évolue et son envie de textures de plus en plus fermes, voire croquantes, se manifeste.

Les plats cuisinés du commerce destinés aux adultes, la plupart du temps très riches en sel et en protéines, sont à proscrire, ainsi que les chips, frites, gâteaux apéritifs, saucisson, pâté, bonbons, gâteaux à la crème.

LE LAIT ET LES LAITAGES

Les besoins de votre enfant sont toujours de 500 ml de lait par jour (lait de croissance ou lait maternel). Les laitages compléteront l'apport en calcium, surtout si votre enfant rechigne à terminer ses biberons. Proposez 1 ou 2 laitages par jour, de préférence au lait infantile. Cependant, l'introduction des laitages classiques ainsi que celle du lait de vache est possible, avec toujours une modération sur les fromages, qui sont riches en sel. Veillez à ne donner que des fromages au lait pasteurisé jusqu'à ses 3 ans. En effet, les fromages au lait cru peuvent être source de contamination à la listeria.

LA VIANDE, LE POISSON ET LES ŒUFS

La ration de protéines doit rester au maximum de 30 g par jour (soit 6 c. à café) ou 1/2 œuf, pour passer à 40 g par jour à 3 ans. Évitez les viandes très grasses, les charcuteries et les abats, ainsi que les coquillages et crustacés, jusqu'à ses 3 ans environ.

LES MATIÈRES GRASSES

À consommer de préférence crues pour préserver l'apport bénéfique en acides gras essentiels. Évitez les graisses cuites et les fritures. Alternez beurre, crème fraîche et huile d'assaisonnement, en privilégiant les huiles qui contiennent les acides gras essentiels.

LA BOISSON

Boire de l'eau tout au long de la journée est une habitude à prendre tôt dans la vie et à conserver à l'âge adulte. L'eau du robinet peut être consommée si elle est pauvre en nitrates, sinon préférez l'eau en bouteille peu minéralisée. Occasionnellement, vous pouvez donner à votre enfant un peu de jus 100 % fruits. Surtout pas de sirops ni de sodas.

LES LÉGUMES ET LES FRUITS

Gardez l'habitude de proposer 3 à 5 portions par jour. Les quantités sont à adapter en fonction de l'appétit de votre enfant. Attendez ses 2 ans pour introduire les choux. Les fruits oléagineux entiers (cacahuètes, noisettes…) restent déconseillés jusqu'à ses 3 ans en raison des risques de fausse route ou, plus tard, en cas de terrain allergique. Vous pouvez toutefois les introduire en poudre dans les préparations. Proposez des légumes plus forts en goût (navet, aubergine…) ou de nouveaux fruits (mangue, ananas, rhubarbe…).

LES FÉCULENTS

Ils doivent être consommés à chaque repas pour assurer une sensation de satiété suffisante, sous forme de pâtes, riz, pommes de terre, semoule, quinoa… Vous pouvez introduire les légumes secs d'abord en purée moulinée, puis mixée et enfin tels quels. Leur texture est fonction de l'acceptabilité de votre enfant et de son transit.

LES SUCRES ET LES PRODUITS SUCRÉS

Le sucre n'est pas du tout indispensable à l'équilibre alimentaire. Gardez la main légère sur le sucre dans vos desserts et méfiez-vous des sucres cachés dans les préparations et boissons du commerce. Ne donnez pas d'édulcorants à votre enfant.

LE SEL

On peut s'en servir, en très petite quantité, dans l'eau de cuisson, mais jamais ajouté dans l'assiette. Attention, certains aliments que vous pouvez introduire dans son alimentation sont riches en sel, comme le fromage et le jambon.

BROCHETTES
de dinde

10 min | 10 min

2 portions

RECETTE Salée

80 g
de filet de dinde

1
courgette

6 feuilles
de basilic

1 Préchauffez le gril du four. Lavez, épluchez et coupez la courgette en 24 gros tronçons. Coupez le filet de dinde en 18 morceaux.

2 Préparez 6 mini-brochettes avec des piques en bambou ou des cure-dents en alternant les morceaux de courgette, de dinde et le basilic. Passez 3 à 5 min de chaque côté sous le gril du four.

Vous pouvez faire griller les mini-brochettes sur un gril électrique ou au barbecue en les déposant sur un papier aluminium. Cela évitera le contact avec la fumée du feu.

BROCHETTES
de saumon

10 min | 10 min
2 portions | RECETTE Salée

80 g
de pavé de saumon

24
tomates cerises

1 c. à café
d'herbes de Provence

1 Préchauffez le gril du four. Coupez le saumon en 18 morceaux et ajoutez les herbes de Provence, mélangez pour bien les enrober.

2 Préparez 6 mini-brochettes avec des piques en bambou ou des cure-dents. Pour chaque brochette, alternez les tomates cerises et les morceaux de saumon. Passez 3 à 5 min de chaque côté sous le gril du four.

COQUILLETTES
façon carbonara

10 min | 10 min

1 portion

RECETTE Salée

À SAVOIR

Cette recette est réalisée avec du jambon à la place des lardons, trop gras pour un jeune enfant. Évitez de servir des pâtes fraîches à votre enfant avant l'âge de 3 ans.

30 g
de coquillettes

30 g de dés
de jambon dégraissé

1 c. à café (5 g)
de crème fraîche

1 c. à café (5 g)
de parmesan râpé

1 Faites cuire les coquillettes dans un grand volume d'eau bouillante 10 à 12 min selon le temps indiqué sur le paquet.

2 Pendant ce temps, faites griller les dés de jambon à sec dans une poêle antiadhésive.

3 Égouttez les coquillettes, déposez-les sur une assiette et ajoutez la crème et le jambon. Parsemez de parmesan et faites déguster.

Vous pouvez aussi réaliser cette recette avec un reste de pâtes cuites la veille (prévoir 100 g de pâtes cuites).

COURGETTE gratinée

5 min

8 min

1 portion

RECETTE Salée

1
courgette

10 g
de gruyère râpé

1 Préchauffez le gril du four. Lavez, épluchez et coupez la courgette en rondelles.

2 Déposez les rondelles de courgette sur une plaque antiadhésive ou sur du papier sulfurisé. Parsemez de gruyère et passez 8 à 10 min sous le gril du four.

Vous pouvez remplacer le gruyère par 10 g de parmesan râpé.

CRÊPES à garnir

5 min

15 min

5 portions

RECETTE Salée

Repos 15 min

1 œuf

100 ml de lait

80 g de farine

5 c. à café (25 g) d'huile de tournesol

1 Battez l'œuf en omelette et ajoutez-y le lait. Versez lentement la farine tout en remuant, puis ajoutez 150 ml d'eau et l'huile.

2 Mélangez jusqu'à obtention d'une pâte homogène. Laissez reposer 15 min.

3 Faites chauffer la crêpière (de 24 à 26 cm de diamètre). Pour une crêpe, versez une louche de pâte et laissez cuire 1 ou 2 min sur chaque face. Vous pouvez ainsi réaliser 5 crêpes.

Salée ou sucrée, la garniture est à votre convenance.

CROQUE-MONSIEUR
classique

5 min | 8 min

1 portion | RECETTE Salée

1 tranche (40 g)
de pain de mie

5 g
de gruyère râpé

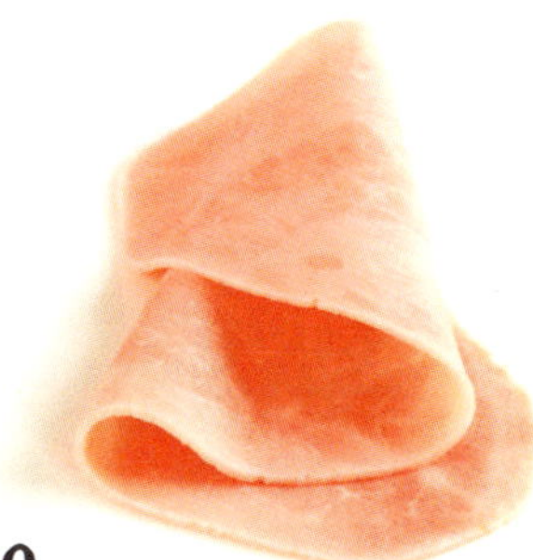

20 g
de jambon dégraissé

1 Préchauffez le gril du four. Coupez la tranche de pain en deux.

2 Sur un morceau, répartissez la moitié du gruyère, puis déposez le jambon. Ajoutez le reste de gruyère et recouvrez avec l'autre morceau de pain.

3 Passez 8 à 10 min sous le gril du four ou faites cuire au gril électrique.

Vous pouvez remplacer le gruyère par la même quantité de comté ou de mimolette râpés, ou encore de reblochon coupé en tranches.

FLAN aux champignons

15 min

35 min

2 portions

RECETTE Salée

1 Lavez, pelez et émincez les champignons. Faites-les cuire avec le jus de citron 10 min à feu doux dans une casserole à couvert.

2 Préchauffez le four à 180 °C. Déposez les champignons cuits et égouttés dans un petit plat à gratin. Battez l'œuf en omelette, ajoutez-y le lait et la noix de muscade, puis versez sur les champignons.

3 Placez le plat dans un bain-marie et enfournez pour 25 à 30 min. Servez tiède ou froid.

400 g
de champignons de Paris

4 c. à café
de jus de citron

1
œuf

200 ml
de lait

1 pointe de couteau
de noix de muscade râpée

À SAVOIR

Le champignon blanc est riche en vitamine D, bonne pour les os et les dents, et joue aussi un rôle dans la maturation des cellules, dont celles du système immunitaire.

GALETTES
de pommes de terre

15 min | 10 min
2 portions
RECETTE Salée

1 Lavez, pelez et râpez les pommes de terre. Battez l'œuf en omelette, ajoutez-y le persil, la noix de muscade et les pommes de terre râpées.

2 Dans une grande sauteuse, faites chauffer l'huile. Lorsque l'huile est chaude, répartissez la préparation en 4 à 6 petits tas et aplatissez-les.

3 Faites saisir 3 à 5 min de chaque côté, puis terminez la cuisson à couvert 3 à 5 min. Servez chaud ou tiède.

Selon la taille de votre sauteuse, faites cuire les galettes en 2 ou 3 fois. Maintenez alors au four en attendant de servir.

2
pommes de terre

1
œuf

2 c. à soupe
de persil haché

1 pointe de couteau
de noix de muscade râpée

1 c. à café (5 g)
d'huile de tournesol

MINI-SANDWICHS concombre et jambon

10 min — sans cuisson

1 portion

RECETTE Salée

1 tranche (40 g)
de pain de mie

4 rondelles
de concombre

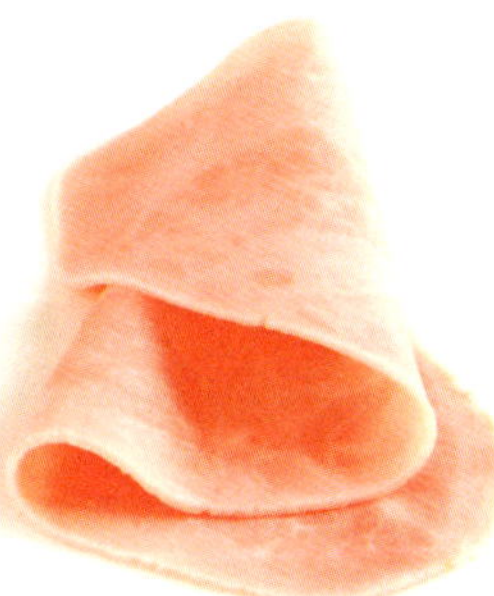

20 g
de jambon dégraissé

5 g
de fromage frais

À SAVOIR

On peut peler ou non le concombre, ou encore une bande sur deux. Mais il faut se rappeler que la plupart des nutriments sont dans et sous la peau, donc si vous l'épluchez, pensez à faire de fines épluchures. Sinon, achetez-le bio.

1. Tartinez le fromage frais sur le pain. Coupez la tranche en 4 morceaux.

2. Préparez 2 mini-sandwichs avec, dans l'ordre, 1 carré de pain, 1 rondelle de concombre, 10 g de jambon, 1 rondelle de concombre et 1 carré de pain.

Pour faire tenir les sandwichs, utilisez une pique en bois ou en bambou, cela ravira votre enfant et donnera un aspect pique-nique au repas.

GRATIN DE CAROTTE
et de pommes de terre

15 min | 40 min

2 portions | RECETTE Salée

1
carotte

2
pommes de terre

1
œuf

150 ml
de lait

2 c. à café (10 g)
de crème fraîche

... et aussi
curry doux (1 pointe de couteau)
gruyère râpé (10 g)

1 Préchauffez le four à 180 °C. Lavez, pelez et râpez la carotte et les pommes de terre, puis déposez-les dans un plat à gratin.

2 Battez l'œuf en omelette, ajoutez-y le lait, la crème et le curry. Versez dans le plat à gratin. Parsemez de gruyère et enfournez pour 40 min.

Vous pouvez remplacer la carotte par un petit poireau ou un navet. Couvrez éventuellement à mi-cuisson pour éviter que le dessus ne brûle.

PÂTES
au saumon et à l'aneth

10 min | 5 min

1 portion

RECETTE Salée

1 Coupez le saumon en lamelles. Faites-les cuire 1 ou 2 min par face à feu vif.

2 Baissez le feu et ajoutez la crème, le fromage blanc, puis l'aneth.

3 Mélangez et ajoutez les pâtes à la préparation afin de les réchauffer.

Vous pouvez remplacer le saumon par 40 g de thon et l'aneth par des herbes de Provence.

100 g
de pâtes cuites

40 g
de saumon frais

1 c. à café
d'aneth ciselé

1 c. à café (5 g)
de crème fraîche

1 c. à soupe
de fromage blanc

POTAGE au cresson

10 min
45 min
2 portions
RECETTE Salée

200 g
de cresson

1
pomme de terre

100 ml
de lait

1 c. à soupe
de crème fraîche

1 Lavez, épluchez et coupez la pomme de terre en morceaux. Lavez et coupez grossièrement le cresson.

2 Faites-les cuire avec 500 ml d'eau 45 min à feu doux.

3 Mixez le tout, ajoutez le lait et la crème, mélangez, puis servez.

POTAGE DE TOMATE
aux vermicelles

15 min | 25 min | 1 portion | RECETTE Salée

2
petites tomates

2 c. à soupe (15 g)
de vermicelles

3 à 5 feuilles
de persil

1 Lavez, pelez et épépinez les tomates. Faites-les cuire avec 2 ou 3 c. à soupe d'eau et le persil 20 min à feu doux dans une casserole.

2 Mixez le tout jusqu'à ce que le bouillon soit homogène. Transvasez dans la casserole, ajoutez en pluie les vermicelles, puis laissez cuire 4 ou 5 min en remuant de temps en temps.

Vous pouvez remplacer une des 2 tomates par une demi-courgette. Plongez les tomates quelques secondes dans de l'eau bouillante afin de les peler facilement.

PETITE POTÉE
aux lentilles

15 min | 30 min | 2 portions

RECETTE Salée

1 Rincez les lentilles. Lavez et épluchez la carotte et la pomme de terre. Coupez la carotte en rondelles et la pomme de terre en dés. Lavez et émincez le poireau.

2 Épluchez et hachez l'oignon. Épluchez la gousse d'ail et piquez-y les clous de girofle.

3 Dans une casserole ou un autocuiseur, déposez les lentilles égouttées, les légumes, l'oignon, la gousse d'ail, la palette, le laurier et le thym.

4 Ajoutez 4 ou 5 verres d'eau. Faites cuire 30 à 35 min à l'étouffée ou 15 min sous pression.

Vous pouvez remplacer le poireau par un navet ou un rutabaga.

40 g
de lentilles

1
carotte

1
pomme de terre

1
poireau

60 g
de palette fumée

... et aussi

oignon (1/2)
ail (1 gousse)
clous de girofle (3)
laurier (1 feuille)
thym (1 brin)

PURÉE DE POIS CASSÉS
aux lamelles de jambon

15 min

1 h

2 portions

RECETTE Salée

Trempage 1 h

1 Faites tremper les pois cassés 1 h au minimum en les recouvrant d'eau.

2 Lavez et épluchez la carotte. Portez une casserole d'eau à ébullition. Plongez-y les pois cassés égouttés, la carotte, le persil et la sauge. Laissez cuire 1 h à feu moyen.

3 Égouttez en conservant l'eau de cuisson. Moulinez les pois cassés et la carotte. Incorporez plus ou moins de l'eau de cuisson selon le goût de votre enfant. La purée doit rester assez épaisse.

4 Coupez le jambon en lanières et disposez-les sur la purée juste avant de servir.

60 g
de pois cassés

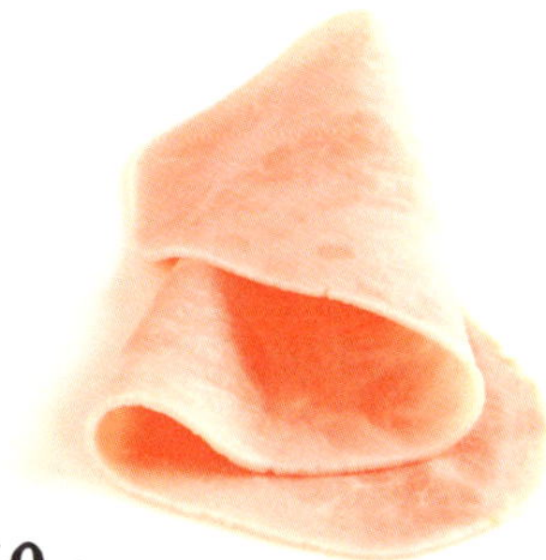

60 g
de jambon dégraissé

1/2
carotte

5 à 7 feuilles
de persil

2 feuilles
de sauge

À SAVOIR

Le pois sec, source de phosphore, est essentiel dans la formation et la santé des os et des dents, et dans la croissance des tissus.

SALADE de courgette

10 min — sans cuisson

2 portions

RECETTE Salée

1 Lavez, épluchez et râpez la courgette.

2 Mélangez l'huile, le vinaigre, le jus de pomme et la menthe, puis versez sur la courgette râpée. Remuez.

Pour profiter des éléments nutritifs de la courgette, il est recommandé de la manger crue ou très légèrement cuite. Crue et coupée en bâtonnets, elle est idéale pour la trempette. Tranchée finement ou tout simplement râpée, elle s'intègre dans vos salades. Choisissez de préférence une courgette de petite taille pour la consommer crue, sa chair sera plus douce au goût.

1
petite courgette

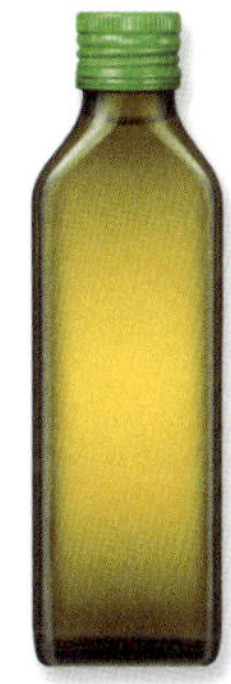

2 c. à café (10 g)
d'huile de votre choix

1 c. à café
de vinaigre

3 c. à café
de jus de pomme

1 c. à soupe
de menthe ciselée

SALADE DE TOMATE
et de mozzarelle au basilic

10 min | sans cuisson

2 portions | RECETTE Salée

1
belle tomate

50 g
de mozzarelle

4 feuilles
de basilic ciselé

2 c. à café (10 g)
d'huile d'olive

1 Lavez, pelez, épépinez la tomate, puis coupez-la en cubes. Coupez la mozzarelle en petits morceaux.

2 Mélangez la mozzarelle avec la tomate, puis ajoutez le basilic. Au moment de servir, ajoutez l'huile.

SALADE
de haricots verts mimosa

10 min — sans cuisson

2 portions — RECETTE Salée

1 Coupez les haricots verts en petits tronçons de 2 ou 3 cm. Coupez l'œuf en fines rondelles.

2 Réalisez l'assaisonnement en mélangeant l'huile, le jus de citron et le persil.

3 Disposez les haricots verts dans 2 assiettes, puis versez la sauce. Déposez les rondelles d'œuf par-dessus.

Vous pouvez aussi proposer un panaché de haricots en remplaçant 100 g de haricots verts par 100 g de haricots beurre.

200 g
de haricots verts cuits

1
œuf dur

2 c. à café (10 g)
d'huile de colza

4 c. à café
de jus de citron

1 c. à café
de persil haché

TARTELETTES
aux épinards

20 min | 25 min

2 portions | RECETTE Salée

1 Mélangez le beurre coupé en petits morceaux et la farine du bout des doigts. Ajoutez 1 ou 2 c. à soupe d'eau pour former le pâton. Laissez reposer.

2 Préchauffez le four à 200-210 °C. Lavez et équeutez les épinards. Faites-les blanchir 1 ou 2 min dans de l'eau bouillante. Égouttez, puis hachez grossièrement.

3 Battez l'œuf en omelette, ajoutez-y le lait, la crème et la noix de muscade.

4 Étalez la pâte pour garnir 2 moules à tartelette, piquez le fond, déposez les épinards et versez la préparation. Enfournez pour 25 min. Servez chaud ou froid.

150 g
d'épinards

30 g
de beurre

60 g
de farine

1
œuf

100 ml
de lait

... et aussi

crème fraîche
(1 c. à soupe)

noix de muscade râpée
(1 pointe de couteau)

TARTELETTES
au brocoli et au saumon

20 min | 35 min
2 portions
RECETTE Salée

150 g
de brocoli

40 g
de saumon frais

30 g
de beurre

60 g
de farine

1
œuf

... et aussi
lait (100 ml)
crème fraîche (1 c. à soupe)
estragon haché (1 c. à café)

1 Préparez une pâte brisée avec le beurre et la farine (voir recette ci-contre). Préchauffez le four à 200-210 °C. Lavez le brocoli et faites-le cuire 10 min à la vapeur.

2 Coupez le saumon en petits dés. Battez l'œuf en omelette, ajoutez-y le lait, la crème et l'estragon.

3 Étalez la pâte pour garnir 2 moules à tartelette, piquez le fond, déposez-y les dés de saumon, le brocoli, puis versez la préparation. Enfournez pour 25 min. Servez chaud ou froid.

Vous pouvez utiliser du chou-fleur à la place du brocoli. Choisissez bien le brocoli : sa tête doit être compacte et sans fleurs jaunes (il risque d'avoir un goût amer).

TARTELETTES
façon quiche lorraine

20 min

25 min

2 portions

RECETTE Salée

40 g de dés
de jambon dégraissé

30 g
de beurre

60 g
de farine

1
œuf

100 ml
de lait

1 pointe de couteau
de noix de muscade râpée

1 Préparez une pâte brisée avec le beurre et la farine (voir recette p. 114). Préchauffez le four à 200-210 °C.

2 Faites griller les dés de jambon à sec dans une poêle antiadhésive. Battez l'œuf en omelette, ajoutez-y le lait et la noix de muscade.

3 Étalez la pâte pour garnir 2 moules à tartelette, piquez le fond, déposez-y les dés de jambon, puis versez la préparation. Enfournez pour 25 min. Servez chaud ou froid.

Vous pouvez remplacer les dés de jambon par 40 g de blanc de poulet et la noix de muscade par du curry doux.

TOMATE
à la macédoine de légumes

10 min — 12 min

1 portion — RECETTE Salée

1 petite tomate

40 g de macédoine de légumes surgelée

1 c. à soupe de fromage blanc

1 c. à café de ciboulette ciselée

1 Faites cuire la macédoine 12 min à la vapeur, puis laissez refroidir.

2 Lavez la tomate, coupez le chapeau et videz l'intérieur. Lorsque la macédoine a refroidi, ajoutez-y le fromage blanc et la ciboulette.

3 Remplissez la tomate de ce mélange, puis déposez le chapeau par-dessus. Servez frais.

La chair de tomate pourra servir à la préparation du potage de tomate aux vermicelles (voir p. 108).

VERMICELLES
à la bolognaise

10 min | 10 min

1 portion

RECETTE Salée

1 Faites cuire les vermicelles 4 ou 5 min dans un grand volume d'eau bouillante.

2 Lavez, pelez et épépinez la tomate, puis coupez-la grossièrement.

3 Faites griller la viande sans ajouter de matière grasse, puis ajoutez le basilic et la tomate.

4 Égouttez les vermicelles, ajoutez l'huile et versez dans une assiette. Déposez par-dessus la viande à la tomate et parsemez de parmesan. Faites déguster chaud.

Vous pouvez utiliser des spaghettis coupés (comptez 10 à 12 min de cuisson) ou remplacer la viande de bœuf par 30 g de veau haché.

30 g
de vermicelles

1
petite tomate

30 g
de steak haché

3 ou 4 feuilles
de basilic

1 c. à café (5 g)
d'huile d'olive

1 c. à café (5 g)
de parmesan râpé

SOUPE VELOUTÉE
au chou-fleur

10 min

25 min

2 portions

RECETTE Salée

200 g
de chou-fleur

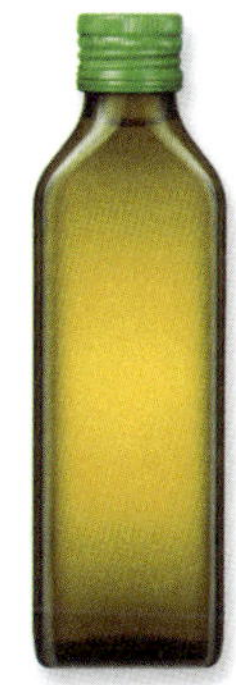

1 c. à café (5 g)
d'huile de tournesol

1 pointe de couteau
de noix de muscade râpée

2 c. à soupe
de fromage blanc

1 c. à café
de ciboulette ciselée

1 Lavez et coupez le chou-fleur en morceaux. Dans une casserole, faites chauffer l'huile, puis faites-le revenir 5 min.

2 Ajoutez 500 ml d'eau chaude et la noix de muscade. Laissez mijoter 20 min à feu doux.

3 Vérifiez la cuisson avec la pointe d'un couteau. Si le chou-fleur est cuit, ajoutez le fromage blanc.

4 Mixez le tout jusqu'à obtention d'une texture onctueuse. Ajoutez la ciboulette et servez aussitôt.

Vous pouvez aussi réaliser cette recette avec 200 g de brocoli.

VELOUTÉ d'asperge

15 min

30 min

2 portions

RECETTE Salée

1 Lavez soigneusement les asperges. Ne les pelez pas si elles sont bien fraîches. Coupez les pointes et faites de petites rondelles fines avec les tiges. Plongez-les dans une casserole d'eau bouillante environ 1 min, puis égouttez-les.

2 Faites fondre le beurre dans une autre casserole, ajoutez-y l'oignon, les rondelles d'asperge et laissez cuire 5 min à feu doux.

3 Ajoutez la farine et remuez bien. Versez 400 ml d'eau chaude et laissez mijoter 20 min à feu doux.

4 Ajoutez les pointes d'asperge et laissez cuire encore 5 min. Mixez le tout jusqu'à obtention d'un velouté. Déposez la crème fraîche au milieu de l'assiette et servez chaud ou froid.

150 g
d'asperges fines

15 g
de beurre

1/4
de petit oignon haché

10 g
de farine

2 c. à café (10 g)
de crème fraîche

AGRUMES à la menthe

20 min — sans cuisson

4 portions — RECETTE Sucrée

Repos 2 h

1 Lavez, puis pelez les agrumes à vif pour dégager les quartiers sans la peau. Coupez-les en deux ou en quatre afin d'obtenir des morceaux de même taille.

2 Mélangez les fruits et ajoutez le sucre. Lavez et ciselez finement les feuilles de menthe, puis ajoutez-les. Placez 2 h au minimum au frais avant de servir.

Le pamplemousse rose est souvent moins amer que le jaune, son goût sera plus facilement apprécié de votre enfant.

1 pamplemousse rose

3 oranges

4 clémentines

20 g de sucre

8 feuilles de menthe

BANANE caramélisée

5 min

10 min

1 portion

RECETTE Sucrée

1
banane

2 c. à café
de jus de citron

5 g
de sucre

1 Préchauffez le gril du four. Lavez, pelez et coupez la banane en rondelles. Déposez les rondelles dans un petit plat à gratin et arrosez-les de jus de citron.

2 Saupoudrez de sucre et faites caraméliser 10 à 15 min sous le gril du four. Laissez tiédir avant de faire déguster.

POMME caramélisée au beurre

5 min

4 min

1 portion

RECETTE Sucrée

1 pomme

5 g de beurre

5 g de sucre

À SAVOIR

L'apport calorique important du beurre et du caramel est en partie atténué par l'action des pectines que renferme la pomme. Dans l'intestin, ces fibres alimentaires solubles ont en effet tendance à lier le sucre et le cholestérol, ce qui permet d'en éliminer une partie.

1 Lavez, pelez et coupez la pomme en quatre, puis éliminez le cœur. Coupez les quartiers en lamelles.

2 Dans une poêle antiadhésive, faites fondre le beurre et ajoutez-y les lamelles de pomme. Saupoudrez de sucre et faites cuire 4 à 6 min, selon la caramélisation souhaitée, en remuant régulièrement.

Si vous réalisez cette recette pour toute la famille, adaptez le temps de cuisson, car plus il y a de pommes, plus la cuisson est longue.

CHIPS à la fraise

10 min

1 h

1 portion

RECETTE Sucrée

4

fraises

10 g

de sucre glace

1 Préchauffez le four à 100 °C. Lavez, équeutez et essuyez les fraises. Coupez-les en tranches fines dans le sens de la longueur.

2 Posez-les sur du papier sulfurisé. Saupoudrez de sucre glace à l'aide d'un petit tamis. Enfournez pour 1 h à 1 h 15.

Ces pétales de fruit peuvent se préparer et se conserver dans une boîte hermétique, à l'abri de l'humidité. Les chips sont idéales pour décorer vos desserts et faire découvrir la fraise différemment.

RÂPÉ
d'automne

15 min — sans cuisson

2 portions — RECETTE Sucrée

1 Lavez, pelez et coupez la pomme et la poire en quatre. Éliminez les cœurs.

2 Râpez grossièrement les fruits et le potiron, puis mélangez-les au jus de citron.

3 Répartissez-les dans 2 coupes, saupoudrez de sucre glace à l'aide d'un petit tamis et servez.

1
pomme

1
poire ferme

50 g
de chair de potiron

3 c. à soupe
de jus de citron

5 g
de sucre glace

COMPOTE POMMES
et rhubarbe à la cannelle

10 min — 15 min

4 portions

RECETTE Sucrée

À SAVOIR

Si vous achetez de la rhubarbe en feuilles entières, il faut éliminer le limbe des feuilles et ne conserver que les pétioles, rouges à maturité. La rhubarbe apporte des minéraux, certains en grande quantité comme le potassium et le phosphore.

2 pommes

250 g de rhubarbe

20 g de sucre

1 pointe de couteau de cannelle en poudre

1. Lavez, épluchez la rhubarbe et les pommes. Retirez le cœur des pommes. Coupez les fruits en petits morceaux.
2. Déposez-les dans une casserole, ajoutez-y 3 ou 4 c. à soupe d'eau et faites cuire 15 min à couvert.
3. Vérifiez la cuisson. Mixez le tout avec le sucre et la cannelle.

Afin d'utiliser moins de sucre dans les préparations à la rhubarbe, faites tremper les tiges quelques minutes avant de les cuire dans de l'eau additionnée de 1 pincée de sel.

COMPOTE
pommes et potiron

15 min | 20 min

4 portions

RECETTE Sucrée

3 ou 4
pommes

100 g
de chair de potiron

15 g
de sucre

1 pointe de couteau
de cannelle en poudre

1 Lavez, pelez et coupez les pommes en quatre, puis éliminez le cœur. Coupez les quartiers de pomme et la chair de potiron en morceaux.

2 Dans une casserole, faites-les cuire à couvert avec 2 ou 3 c. à soupe d'eau 20 min à feu doux.

3 Mixez, puis ajoutez le sucre et la cannelle. Faites déguster tiède ou froid.

CRÈME persane

15 min

5 min

2 portions

RECETTE Sucrée

1 Faites chauffer le lait avec la vanille. Lorsqu'il est chaud, versez-y le tapioca en pluie en remuant avec une cuillère.

2 Laissez cuire à feu doux 5 à 7 min selon le temps indiqué sur le paquet. Ajoutez le sucre en fin de cuisson.

3 Pendant ce temps, séparez le blanc d'œuf du jaune et battez-le en neige très ferme. Réservez au frais.

4 Incorporez rapidement le jaune d'œuf au tapioca cuit, puis délicatement le blanc en neige. Réservez au frais jusqu'au moment de servir.

150 ml
de lait

1 pointe de couteau
de vanille en poudre

15 g
de tapioca

15 g
de sucre

1
œuf

CRÈME
mi-chocolat mi-vanille

10 min

5 min

2 portions

RECETTE Sucrée

15 g
de chocolat noir à cuire

1/2 sachet
de sucre vanillé

250 ml
de lait

1
œuf

15 g
de fécule de maïs

10 g
de sucre

1 Faites chauffer le lait. Dans un bol, battez l'œuf en omelette avec la fécule. Versez le tout dans le lait chaud et portez doucement à ébullition sans cesser de remuer.

2 Séparez la crème en 2 parts égales. Faites fondre le chocolat au bain-marie ou au micro-ondes, puis versez-le dans une des crèmes. Mélangez.

3 Dans la seconde, ajoutez le sucre en poudre et le sucre vanillé.

4 Versez les 2 crèmes en même temps dans 2 coupes afin d'avoir une séparation bien marquée. Servez frais.

La vanille peut être remplacée par 1/2 c. à café d'eau de fleur d'oranger.

CRÈME
à la clémentine

15 min | 20 min | 1 portion | RECETTE Sucrée

1
clémentine

10 g
de sucre

60 ml
de lait

1 c. à café rase
de farine

2 c. à café (10 g)
de crème fraîche

1 Lavez et épluchez la clémentine. Éliminez la peau et les pépins de tous les quartiers.

2 Placez-les dans une casserole avec le sucre et 1 c. à soupe de lait. Laissez cuire 4 ou 5 min à feu doux.

3 Délayez la farine dans le reste du lait et versez sur les clémentines.

4 Remettez à cuire 15 min à feu doux en remuant souvent. Laissez refroidir, ajoutez la crème et servez.

Vous pouvez remplacer la clémentine par une demi-orange.

CRUMBLE
à la pomme

10 min

15 min

1 portion

RECETTE Sucrée

1 Préchauffez le four à 200-210 °C. Lavez, pelez et coupez la pomme en quatre, puis éliminez le cœur.

2 Coupez les quartiers en lamelles ou en cubes et déposez-les dans un petit plat à gratin.

3 Dans un bol, mélangez le beurre, le sucre, la farine, les amandes en poudre et versez ce mélange sur la pomme. Enfournez pour 15 à 20 min.

Vous pouvez remplacer la pomme par une poire ou une pêche.

1
pomme

5 g
de beurre

5 g
de sucre

10 g
de farine

5 g
d'amandes en poudre

CRUMBLE
poire et chocolat

10 min | 15 min

1 portion | RECETTE Sucrée

1 Préchauffez le four à 200-210 °C. Lavez, pelez et coupez la poire en quatre, puis éliminez le cœur.

2 Coupez les quartiers en cubes et déposez-les dans un petit plat à gratin.

3 Dans un bol, mélangez le beurre, la farine, les flocons d'avoine et les pépites de chocolat. Versez ce mélange sur la poire. Enfournez pour 15 à 20 min.

Vous pouvez remplacer la poire par une petite banane.

1
poire

10 g
de pépites de chocolat

5 g
de beurre

5 g
de farine

5 g
de flocons d'avoine

À SAVOIR

Si vous n'avez pas de pépites de chocolat, râpez quelques carrés de chocolat noir.

FEUILLETÉS
à la poire

10 min

12 min

2 portions

RECETTE Sucrée

2 feuilles
de pâte filo

1
poire

2 c. à café
de jus de citron

5 g
d'amandes en poudre

1 c. à café rase
de sucre vanillé

1 Préchauffez le four à 210 °C. Lavez, pelez et éliminez le cœur de la poire, puis coupez-la en lamelles. Versez le jus de citron dessus.

2 Pliez en deux chaque feuille de pâte filo et disposez-les sur un plat ou une feuille de papier sulfurisé.

3 Répartissez les lamelles de poire par-dessus, puis saupoudrez d'amandes en poudre et de sucre vanillé. Enfournez pour 12 à 15 min. Laissez tiédir avant de faire déguster.

Vous pouvez remplacer la poire par une pomme.

GLACE à la fraise

10 min · sans cuisson

1 portion · RECETTE Sucrée

100 g de fraises surgelées

5 g de sucre

50 ml de lait

1 Déposez les fraises dans un mixeur permettant de faire de la glace pilée. Mixez 2 min par à-coups.

2 Ajoutez le sucre et le lait. Remixez jusqu'à obtenir la texture d'une glace à l'italienne. Servez.

Vous pouvez remplacer les fraises par 100 g de framboises surgelées.

MOUSSE
à la cannelle

10 min — sans cuisson

2 portions — RECETTE Sucrée

2
petits-suisses (120 g)

1/2 c. à café
de cannelle en poudre

15 g
de sucre

1
blanc d'œuf

1 Mélangez les petits-suisses avec le sucre et la cannelle. Montez le blanc d'œuf en neige très ferme et incorporez-le délicatement au mélange.

2 Répartissez ce mélange dans 2 coupes et réservez au frais jusqu'au moment de servir.

Le jaune d'œuf pourra être utilisé pour dorer des gâteaux.

MOUSSE aux marrons

10 min

sans cuisson

4 portions

RECETTE Sucrée

300 g
de fromage blanc

150 g
de crème de marrons

1
blanc d'œuf

1. Mélangez le fromage blanc et la crème de marrons jusqu'à obtention d'une texture homogène.
2. Battez le blanc d'œuf en neige très ferme et incorporez-le délicatement au mélange.
3. Répartissez la préparation dans 4 coupes et réservez au frais jusqu'au moment de servir.

MOUSSE au chocolat noir

15 min

5 min

4 portions

RECETTE Sucrée

Repos 3 h

80 g de chocolat noir à cuire

2 c. à soupe de lait

2 œufs

1 Faites fondre le chocolat au bain-marie avec le lait et 1 c. à soupe d'eau.

2 Séparez les blancs d'œufs des jaunes. Battez les blancs en neige très ferme et réservez au frais. Incorporez rapidement les jaunes au chocolat fondu et encore chaud.

3 Retirez du feu et incorporez délicatement les blancs en neige. Réservez 3 ou 4 h au frais avant de servir.

Cette recette peut être réalisée avec du chocolat au lait ou du chocolat blanc, selon les préférences de votre enfant.

À SAVOIR

Le chocolat noir est beaucoup plus riche en magnésium que les chocolats au lait ou blanc. Le magnésium a un effet calmant, les carences en magnésium peuvent entraîner des troubles du sommeil et de l'attention.

NAGE DE MELON
aux framboises

15 min — sans cuisson

2 portions — RECETTE Sucrée

1/2
petit melon

100 g
de framboises

1 pointe de couteau
de vanille en poudre

5 g
de sucre glace

1 Lavez, épluchez et épépinez le melon, puis mixez-le finement. Ajoutez-y la vanille et versez dans 2 coupes.

2 Lavez les framboises et répartissez-les sur le melon. Réservez au frais. Au moment de servir, saupoudrez de sucre glace à l'aide d'un petit tamis.

Vous pouvez remplacer les framboises par 100 g de fraises.

POIRE au chocolat

10 min

15 min

1 portion

RECETTE Sucrée

À SAVOIR

Même si le chocolat est une excellente source de magnésium, il est à consommer avec modération, car il est aussi riche en lipides et en sucre.

1
poire

10 g
de chocolat noir

2 c. à café
de jus de citron

1 Lavez, épluchez et coupez la poire en quatre. Éliminez le cœur. Placez les morceaux de poire dans une casserole et versez-y le jus de citron.

2 Faites cuire la poire 12 min à feu doux et à couvert. Vérifiez la cuisson à l'aide d'une pointe de couteau. Réservez.

3 Dans le jus restant dans la casserole, faites fondre le chocolat à feu très doux. Versez-le sur les morceaux de poire et servez tiède.

Vous pouvez remplacer la poire par une pêche.

POMME ET PRUNES
aux flocons d'avoine

10 min — sans cuisson

2 portions — RECETTE Sucrée

Repos 1 h

1 Lavez, épluchez et coupez la pomme en quatre, puis éliminez le cœur. Lavez les prunes, éliminez les noyaux.

2 Coupez les fruits en petits cubes et mélangez-les avec le jus de citron, le sucre et la vanille. Placez 1 h au frais. Au moment de servir, saupoudrez de flocons d'avoine.

Utilisez des flocons d'avoine prêts à consommer. Vous pouvez remplacer la pomme par une poire.

1
pomme

3 ou 4
prunes

2 c. à soupe
de flocons d'avoine

3 c. à café
de jus de citron

1 c. à café
de sucre

1 pointe de couteau
de vanille en poudre

POMME AU FOUR
au pain d'épices

10 min | 20 min
1 portion | RECETTE Sucrée

1
pomme

1/2 tranche
de pain d'épices

4 c. à soupe
de lait

1 Lavez, essuyez et creusez doucement la pomme pour éliminer le cœur en prenant soin de ne pas percer le fond.

2 Préchauffez le four à 200 °C. Mixez le pain d'épices avec le lait et faites chauffer 1 ou 2 min dans une casserole. Versez ce mélange dans la pomme.

3 Déposez la pomme dans un plat à crème brûlée et enfournez pour 20 min. Faites déguster tiède ou froid.

Vous pouvez ajouter 1 c. à café de miel à la préparation. Pour éliminer le cœur sans percer la pomme, utilisez un couteau Économe. Si, après cuisson, la peau n'est pas trop sèche, elle pourra être consommée, car la concentration de vitamines et minéraux se situe juste dessous.

INDEX PAR INGRÉDIENT

Crédits Photographiques